农村交通基础设施建设与乡村振兴研究

RESEARCH ON
RURAL TRANSPORTATION
INFRASTRUCTURE CONSTRUCTION
AND RURAL REVITALIZATION

魏雯 著

社会科学文献出版社
SOCIAL SCIENCES ACADEMIC PRESS (CHINA)

摘　要

　　本书首先回顾、梳理发展经济学主流理论中关于交通基础设施建设对促进农村经济发展的主要观点，并结合我国交通建设政策发展历史演变，分析中国交通基础设施促进农村经济增长的作用机理和历史逻辑，提出交通建设应走具有中国特色的制度改革之路。其次，本书对交通基础设施建设成效与发展现状进行了系统性总结，提出中国农村交通基础设施接续乡村振兴战略和交通强国战略的政策目标和重点建设领域。在理论分析和现状研究的基础上，本书利用实证研究方法，从经济增长的视角出发，利用柯布—道格拉斯生产函数构建农村交通基础设施生产函数，检验交通规模密度和质量等级结构对区域经济增长的促进作用，比较分析不同区域之间交通基础设施经济效应的差异化影响，评估交通基础设施在农村地区对经济增长的贡献。并结合微观调查，以农户家庭调查数据为研究基础，引入交互效应模型，对农户家庭收入和高等级交通基础设施可达性之间的关系进行分析，并增加人力资本因素，从有形资本和无形资本投入的微观视角分析农户家庭收入增长的深层机制路径。最后，本书综合发展现状和宏观、微观检验评估结果，提出在因地制宜基础上，农村地区继续扩大高等级交通基础设施规模、优化交通基础设施结构、发挥交通基础设施绿色智慧示范效应、创新路衍经济模式激活农村产业发展动力，以及强化交通基础设施与人力资本之间的互补性等政策建议，为交通基础设施建设促进乡村振兴战略实施提供决策参考。

　　关键词：农村交通；经济增长；农民增收；乡村振兴

目 录

导　论

　　党的二十大报告指出，高质量发展是全面建设社会主义现代化国家的首要任务。要坚持以推动高质量发展为主题，着力推进城乡融合和区域协调发展，推动经济实现质的有效提升和量的合理增长。报告强调，全面建设社会主义现代化国家，最艰巨最繁重的任务仍然在农村。坚持农业农村优先发展，坚持城乡融合发展，畅通城乡要素流动。加快建设农业强国，扎实推动乡村产业、人才、文化、生态、组织振兴。交通基础设施是经济发展的"先行官"，也是稳增长、惠民生的重要手段。习近平总书记在 2022 年中央农村工作会议上指出，农业农村仍然是我国现代化建设的短板。进入新时代，党中央坚持高度重视"三农"工作的传统，在新中国成立以来特别是改革开放以来工作的基础上，通过开展脱贫攻坚、实施乡村振兴战略等，用有限资源稳定解决 14 亿多人口的吃饭问题，全体农民摆脱绝对贫困、同步进入全面小康，"三农"工作成就巨大、举世公认。同时，受制于人均资源不足、底子薄、历史欠账较多等原因，"三农"仍然是一个薄弱环节，同新型工业化、信息化、城镇化相比，农业现代化明显滞后。其中一个主要表现就是农村基础设施明显落后于城市，城乡居民收入比为 2.5∶1、消费支出比为 1.9∶1。这是党中央强调全面推进乡村振兴、加快建设农业强国的一个重要原因。

　　2012~2020 年，我国新改建农村公路 110 万公里，其间累计解决了约 7 万个建制村通硬化路问题，实现了所有具备条件的乡镇和建制村全部通硬化路、通客车、通邮路的目标，农村地区交通基础设施整体面貌发生历史性巨变。梳理交通基础设施在经济发展中的理论逻辑和历史发展进程，剖析交通基础设施在国内外促进经济发展进程中的作用机理，明确我国在交通基础设施建设中的成效和不足，提出乡村振兴和交通强国战略下农村交通基础设施建设的政策建议，将有助于增强农村内生发展动力，提升已脱贫地区和乡村振兴重点帮扶县的可持续发展能力。

第一节　问题的提出

习近平总书记强调，脱贫攻坚取得胜利后，要全面推进乡村振兴，这是"三农"工作重心的历史性转移。2021 年，我国第一部以"乡村振兴"命名的综合性法律《中华人民共和国乡村振兴促进法》生效，与 2018 年以来中央一号文件、《乡村振兴战略规划（2018~2022 年）》、《中国共产党农村工作条例》共同构成实施乡村振兴战略的"四梁八柱"。《中共中央国务院关于实现巩固拓展脱贫攻坚成果同乡村振兴有效衔接的指导意见》印发后，各部门出台相关配套政策。交通运输部印发《关于巩固拓展交通运输脱贫攻坚成果全面推进乡村振兴的实施意见》，进一步巩固拓展交通运输脱贫攻坚成果，全面推进乡村振兴战略实施。该意见提出，到 2025 年，交通脱贫攻坚成果进一步巩固拓展，农村地区交通基础设施能力、交通运输服务品质进一步提升，高质量发展体系进一步完善，脱贫攻坚与乡村振兴的工作机制、政策制度平稳过渡、有效衔接，交通运输支撑和保障乡村全面振兴成效显著、作用充分发挥。争取全国乡镇通三级及以上公路比例、较大人口规模自然村（组）通硬化路比例、城乡交通运输一体化发展水平 AAAA 级以上区县比例、农村公路优良中等路率均达到 85% 左右，基本实现具备条件的建制村通物流快递，基本完成 2020 年底存量四、五类危桥改造，农村交通管理体制机制基本健全，农村公路管理机构运行经费及人员基本支出纳入财政预算，县乡级农村公路管理养护责任有效落实。

全面实施乡村振兴战略的深度、广度、难度都不亚于脱贫攻坚，必须加强顶层设计，凝聚强大共识，深刻认识、全面理解和准确把握乡村振兴战略实施需要面临的一系列理论和实践的前沿问题。农村地区地理条件多为高原、山地、丘陵、沟壑等地区。交通基础设施是打破地理隔离、促进资源要素流动、实现经济增长的必要条件。党的十八大以来，经过十几年建设与发展，交通基础设施对促进农村地区国民经济发展和区域经济增长发挥了重要的推动作用，为农村地区全面建成小康社会、推进乡村振兴提供了强有力的交通运输保障。伴随我国农业农村现代化建设，在这样广袤的地域上，交通基础设施促进农村经济发展的成效如何？还存在哪些"短板"问题？2020年受新冠疫情对经济带来的负面影响，我国经济增长速度放缓，全球经济陷入衰退期，世界面临百年未有之大变局，除重点基建项目优先推进外，全球各国基建规模呈收缩状态。加之中国经济进入高质量发展阶段，受经济增长速度换挡期、结构调整阵痛期、前期刺激政策消化期"三期叠加"的影响，我国以基础设施建设刺激经济增长的同时，必须遵循供给侧结构性改革的要求，着力解决发展不平衡不充分问题，推动质量变革、效率变革和动力变革。在总的社会资源有限的约束条件下，下一步交通基础设施如何进行供给侧结构性改革，巩固拓展脱贫攻坚成果，全面推进乡村振兴，这事关第二个百年奋斗目标实现。因此，深入研究交通基础设施对农村地区经济发展的影响效应，对于明确脱贫县和乡村振兴重点帮扶县下一步交通基础设施高质量发展的方向和重点具有现实意义。

第二节　交通基础设施的概念界定与重要作用

一　概念界定

基础设施可以为经济增长和环境可持续性创造重大收益。根据世界银行对基础设施的定义，基础设施分为经济类基础设施和社会类基础设施。我国对基础设施的统计口径，具体包括以下六类：电力、燃气及水的生产和供应业；交通运输、仓储和邮政业；信息传输、计算机服务和软件业；水利、环境和公共设施管理业；教育业；卫生、社会保障和社会福利业。其中，交通基础设施是政府调控经济、促进经济增长的重要手段。发展经济学家们广泛认为，交通基础设施是欠发达地区社会的先行资本，是实现"经济起飞"的重要基础。2008 年全球金融危机后，中央政府 4 万亿元经济刺激计划中半数以上投资于重大交通基础设施建设。2020 年 3 月，中央政治局常委会针对疫情后的复工复产与扩大内需问题，指出要加快推进国家规划已明确的重大工程和基础设施建设。2022 年，《乡村建设行动实施方案》提出，实施农村道路畅通工程。继续开展"四好农村路"示范创建，推动农村公路建设项目更多向进村入户倾斜。

交通基础设施属于涵盖面较广的经济基础设施，按照我国国家交通管理系统的划分，一般包括公路基础设施、铁路基础设施、航空基础设施和水路基础设施。其中，公路交通是近代以来中国发展交通业的首要建设目标。根据国家 JTG B01-2003《公路工程技术标准》，依据公路交通量及其所承担的任务和性质，公路交通按照技术等级分为五类：高速公路、一级公路、二级公路、三级公路和四级公路。按行政等级可以划分为国家公路、省级公路、县级公路、乡村公路、专用公路五类。

二　重要作用

在中国农村发展事业中，国家对交通基础设施进行了巨额投资，通过提供更加便捷安全的运输服务机会，使城市居民和农村居民获得巨大的经济收益和社会收益。发达便利的交通基础设施条件，对于促进生产要素和产品的空间转移，加强生产部门和市场之间的联系，降低交易成本，保障市场供求具有积极作用。改善交通基础设施条件，为中国广大农村地区居民提供效率更高、成本更低的交通基础设施，对促进农村经济增长极其重要。

1. 交通基础设施建设具有外部经济的作用

专业化分工和规模经济有赖于交通基础设施创造的要素和产品在空间转移上具有可行性与便利性。交通基础设施是创造规模经济的前提条件，反过来经济活动集中度提升又会降低交通基础设施单位成本、提高利用效率。由于交通基础设施的发展，生产和人口向城镇集中，这种经济活动在地理上的集中，创造了另一种规模经济，促进生产部门和企业平均生产成本与交易成本的降低。交通基础设施的发展，促使农村地区企业的市场范围不断扩大，专业化分工和现代化生产要素有效利用将变得切实可行，并在专业化分工基础上实现规模经济。因此，交通基础设施是引起产业聚集和创造规模经济的前提。

2. 交通基础设施建设有利于促进城乡融合

中国具有较强的城乡二元结构特征，1978 年二元反差指数为 0.4247，2014 年降至 0.3218，1997 年之前二元经济转化速度较快，但是 1997～2014 年则逐渐放缓。特别是在我国西部地区，城乡二元经济结构与社会结构比较突出，城乡融合发展对于巩固拓展脱贫攻坚成果、推动乡村振兴具有重要作用。交通基础设施，尤其是公路交通基础设施在西部地区的经济增长效应更为显著，能够显著改善城乡融合问题，并在促进劳动力、资本和技术等要素流动路径上，缩小城乡收入差距。交通基础设施能够提升劳动力交易效率、促进农业生产以及促进非农就业，并在工业反哺农业、工农业劳动生产率差距缩小的宏观背景下，在很长一段时间内持续促进非农就业，为新型城镇化发展提供持久动力。

3. 交通基础设施是重要的刺激经济增长的工具

受多重因素叠加影响，当前我国经济增速放缓，投资是扩大内需的重要组成部分。2020 年国务院政府工作报告提出促消费惠民生、调结构增后劲，重点推动"两新一重"建设。2022 年国务院政府工作报告提出"带动扩大有效投资"。交通基础设施是融合新基建、推动新型城镇化建设的重要支撑条件。我国西部地区基础设施尚未满足有效需求，路网规模和密度低于东部地区，交通基础设施落后是制约西部地区发展的关键因素。1999 年中央实施西部大开发战略，交通基础设施投资对于促进西部地区经济增长发挥了重要作用。一些学者通过对省级面板数据的计量研究认为，中西部地区交通基础设施投资对经济增长的影响强度甚至强于东部地区。交通基础设施作为政府公共支出的重要方面，在私人投资不足时起到弥补有效需求不足、扩大就业和增加国民收入的重要作用。"十一五"期间，中央政府不断加大西部地区交通基础设施建设投资力度，"十三五"时期重点对贫困地区交通基础设施项目倾斜，对于拉动我国欠发达地区经济增长产生了重要作用。

第三节　研究思路与研究方法

一　研究思路

研究依托农村地区社会经济统计数据、交通运输行业数据和微观调查问卷数据及相关历史资料，侧重在发展经济学的理论框架下，以国内外交通基础设施促进经济增长的理论路径为视角，结合中国交通基础设施发展的历史经验，分析其促进经济增长的激励机制、协调机制和规范机制，计量分析交通资源配置结构和规模对农村地区经济增长的影响效应，研究交通基础设施在宏观经济和微观个体层面的影响路径，评价交通基础设施服务能力和效率，挖掘交通基础设施促进经济增长和农民增收的关键因素并进行综合性的制度优化。

二　研究方法

1. 比较分析和历史分析相结合的方法

比较分析交通基础设施促进经济增长理论与国内典型实践，梳理中国近现代以来交通基础设施在国家发展和促进农村经济增长方面的演变路径与历史逻辑，在西方理论基础上为符合中国国情的交通资源配置制度优化提供理论参考和借鉴；比较分析不同农村地区之间社会经济和交通基础设施发展水平的差异，提出未来政策目标和发展重点；比较交通基础设施规模和结构在农村地区对经济增长的影响，在宏观视角下，提出数量和质量方面的投资政策重点；比较分析农村地区农户人力资本和交通基础设施间的互补促进作用，从微观视角研究交通基础设施影响农户收入增长的机制路径，为政策设计和优化提供更加富有针对性和侧重点的政策建议。

2. 统计数据与问卷调查数据相结合的方法

农村地区经济社会发展情况、人口和收入情况以及交通基础设施状况的数据主要根据历年《中国农村统计年鉴》《中国农村贫困监测报告》等收集获得。交通基础设施统计数据从行业公开统计年鉴中获取。由于统计数据的有限性，又在部分农村地区针对不同收入水平的农户进行实地随机问卷调查，并与部分农户和相关部门进行深度访谈，收集有效问卷1089份。

3. 实证计量模型分析方法

利用柯布—道格拉斯生产函数构建农村地区交通基础设施经济增长效应生产函数，定量分析经济增长各生产要素贡献率，用 OLS 方法检验交通规模密度和质量等级结构对区域经济增长的促进作用；引入交互效应模型，对农户家庭收入和高等级交通基础设施可达性之间的关系进行分析，并增加人力资本要素变量，从有形资本和无形资本投入的微观视角分析农户家庭增收的深层机制路径。

第四节　研究内容

交通基础设施至少可以通过两种渠道促进农村发展：第一，交通基础设施改善可以扩大市场，降低交易成本、降低农产品运输成本，促进农业经济增长；第二，交通基础设施改善可以降低农村劳动力转移成本，增加农民工资性收入等。基于宏观经济视角下的农村发展研究，以及微观个体视角下的农户收入增长研究，本书研究内容主要包含以下几个部分：一是导论，主要对课题研究的背景、意义和现实问题进行分析，并对涉及的相关概念进行界定和说明；二是关于交通基础设施建设与经济发展的国内外理论研究，回顾、梳理和评价经济学主流理论中关于交通基础设施建设与经济发展的主要观点和不足之处；三是农村交通基础设施政策发展演变与历史逻辑，结合我国交通政策发展历史演变，分析具有中国特色的交通基础设施促进经济发展的作用机理和历史逻辑，提出交通建设的中国制度改革之路；四是农村地区经济发展与交通基础设施发展现状，提出脱贫攻坚全面胜利后，中国交通基础设施接续乡村振兴和交通强国战略发展的政策目标和重点领域；五是交通基础设施建设对农业经济的影响，检验评估交通基础设施在农村地区的经济增长效应，从不同片区的交通规模密度和质量结构等方面进行深入分析，根据实证计量结果提出相关政策启示；六是交通基础设施对农民收入的影响，以农户家庭调查数据为研究基础，分析交通基础设施发展对农户收入增长影响，并提出相关政策启示；七是农村交通基础设施发展的案例研究，从区域视角剖析农村交通基础设施现状特点与发展趋向；八是交通基础设施巩固拓展脱贫攻坚成果同乡村振兴有效衔接的政策建议；九是附录，提供了"四好农村路"高质量发展的四个典型案例。根据以上各章节关于中国交通基础设施建设的历史发展经验、现状问题和数据检验分析等结论，提出乡村振兴期内中国交通基础设施在促进农村经济发展方面的政策建议。

第一章
交通基础设施建设与经济发展的理论研究

习近平总书记在《坚持把解决好"三农"问题作为全党工作重中之重举全党全社会之力推动乡村振兴》中强调:"今后一个时期,是我国乡村形态快速演变的阶段。建设什么样的乡村、怎样建设乡村,是摆在我们面前的一个重要课题。"党的二十大报告指出,全面建设社会主义现代化国家,最艰巨最繁重的任务仍然在农村。农村经济发展在中国国民经济发展中占有基础与核心地位。其中,农村交通基础设施建设对于促进城乡融合发展、畅通城乡要素流动具有重要作用。改革开放后,中国逐步加大农村交通基础设施建设投入,并取得了一系列成就。农村交通基础设施明显改善是中国国民经济整体实力不断提升的成果。交通基础设施建设对经济发展的影响是国内外学界经久不衰的研究主题。农村交通基础设施对农村经济发展的极端重要作用,使经济学家格外关注发展中国家和地区的发展现状。近现代以来,以梁漱溟、费孝通、卢作孚等为代表的乡村建设学派均强调经济建设的重要性,其在各自的主张中,都阐述了交通运输业对农村经济影响的重要性。

第一节　交通运输业在近现代中国农村发展中的重要性

中国近现代农村研究主要围绕农村经济落后和农民生活艰辛展开。1840年鸦片战争爆发后,中国进入半殖民地半封建社会。吏治腐败、帝国侵略、灾荒频发加剧中国农村经济的衰落和农民生活的艰辛。20 世纪初，思想界掀起关于中国农村社会性质的讨论热潮，推动了对中国农村经济与农民贫困问题的探讨，形成了以中国近现代农村发展问题为核心的理论阐释和改良实践。

一　孙中山的民生思想与发展交通事业的主张

在中国古代社会"仁爱""民本""大同"等思想的影响下，"赈穷""恤贫"的主体主要包括个人、邻里、宗族、宗教组织、会社机构和国家，减贫的举措主要是社会救助、慈善救济和灾荒赈济等，认为农村经济凋敝的主要原因之一是由灾荒导致。实际上，灾荒与农村贫困互为因果，而中国贫困的根本原因在孙中山看来，是由于清政府的腐败统治和帝国主义压迫，人口膨胀和生态环境的破坏加剧了中国贫困和灾荒问题。孙中山指出，中国存在"盗贼横行、饥馑交集、哀鸿遍野、民不聊生"的根本原因是"普遍的，有系统的贪污"，推翻灾荒贫困观是孙中山关于中国贫困问题在理论上的超越。与之前中国社会慈善救助不同，孙中山在反贫困问题上提出了政府主导的社会救助，在 1920 年拟定的《内部方针》中设社会事业局，将社会救助纳入国家和政府的责任，为中国古代慈善事业向近现代社会保障事业转变打下基础。

孙中山就任临时大总统后，积极倡导修建交通基础设施。1919 年，孙中山在《国际共同发展实业计划》中，对国家交通系统建设进行计划开发：修筑铁路，构建六大铁路系统；铺碎石路；修浚运河，开凿新运河；构建邮电通信网等。农业作为国家的重要实业部门之一，孙中山强调将现代交通建设作为推动经济发展的引擎。他在《国民政府建国大纲》中说："建国之首要在民生。故对于全国人民食衣住行四大需要，政府当与人民协力共谋农业之发展，以足民食；共谋织造之发展，以裕民衣；建筑大计划之各式居舍，以乐民居；修治道路运河，以利民行。"民国 11 年，孙中山发表《工兵宣言》，推动当时各省实行兵工筑路。除此之外，民国初期公路修建还包括省市县地方政府主持修建、绅商华侨集资修建、以工代赈修建等多种方式。筑路方式的多样主要是由于国家行政不统一、筑路资金无法保障等。民国初期农村公路缺乏技术标准，缺乏测量设计施工人才，缺乏机械设备等，导致农村公路量少质差，但与清政府时期的官马大道相比已有了很大进步，并为新中国成立后兴建农村交通提供了实践经验。

二　乡村建设运动派对发展农村经济与交通的认识与实践

近现代时期处于中国历史大变革阶段，农村凋敝、农民贫困的问题吸引大批学者进行农村现状调查研究。20 世纪 30 年代，以梁漱溟为代表的乡村建设运动派认为，中国是农业社会，但中国农村经济破坏严重，农村贫困现象严重，从农业引发工业是中国兴起的唯一道路，恢复农业生产力、复兴农村是乡村建设运动的重要内容。梁漱溟及其乡村建设运动派在河南、山东等地进行了乡村建设实践，为中国社会认识农村贫困问题和反贫困实践提供了借鉴。晏阳初认为，中国近代农村贫困的主要原因是农民的"愚、穷、弱、私"的缺点，在农村推行平民教育运动，虽然未指出中国农村贫困的根本原因，但是从人力资本培育的角度看，为中国反贫困事业做出了积极贡献。费孝通、乔启明、卜凯等学者在对中国农村经济的深入调查中，指出农民生活贫困的主要原因在于农业人口过剩、土地面积细碎、基础设施建设薄弱、农业技术落后等因素。薛暮桥认为，农村之所以会出现人口过剩和耕地不足的问题，本质上是当时生产力条件下劳动力与土地之间的矛盾，生产技术落后本质上是由于生产关系的约束，因此，薛暮桥认为中国农村贫困的原因在于地主豪绅和帝国主义的剥削和压迫。

费孝通、卢作孚等认为交通是促进农村经济发展的重要基础。费孝通在《江村经济》研究农村产品的贸易区域与集镇时指出，贸易区域的大小取决运输系统人员及货物流动所需的费用和时间，强调交通基础设施对农村经济的影响。梁漱溟在《乡村建设理论》中关于如何促兴农业，认为运输问题是影响农业发展的重要障碍之一，他指出"运销不便是农业产品流通的大障碍，间接影响于农业者很大"。卢作孚在重庆北碚进行城乡综合建设，以交通建设为先行，新建重庆至北碚直达电车道，修建了四川第一条铁路——

北川铁路；发展航运，开通合川—重庆的嘉陵江航运。此外，还主持修建多条公路，推动北碚地区乡村城市化建设。

三　毛泽东对发展农村经济与交通的认识与实践

20 世纪三四十年代，毛泽东通过对农村的深入调查，明确指出："现今中国的贫困问题主要是由已经被推翻的半殖民地半封建社会的制度造成的。"针对如何发展农村经济，他提出经济建设的中心是"发展农业生产，发展工业生产，发展对外贸易和发展合作社"。1955 年，毛泽东在《关于农业合作化问题》中指出，中国不富裕的农民占全国农村人口的 60%~70%，为了摆脱贫困，改善生活，除了社会主义，再无别的出路，并提出了通过"逐步地实现对于整个农业的社会主义的改造，即实行合作化，在农村中消灭富农经济制度和个体经济制度，使全体农村人民共同富裕起来"的目标。毛泽东关于发展农村经济的论述是在马克思主义理论基础上中国化的重要成果，为新中国成立后农村经济发展与减贫思想理论体系建立奠定了基础。

解放战争中，交通基础设施成为恢复和发展解放区经济的重要环节。1948 年，毛泽东在《中共中央关于九月会议的通知》中指出，打倒国民党反动派统治需要完成两方面的任务，一是将战争所需要的人力资源和物力资源大量地从国民党方面和国民党区域去取给，二是必须用一切努力恢复和发展老解放区的工业生产和农业生产。这两方面任务面临的困难首先是"解决交通运输和修理铁路、公路、河道的问题"。除此之外，毛泽东还就交通与军事、交通与国防、交通与人民生活、交通与民族地区经济社会发展等方面做出了一系列重要论述。基于交通在国民经济中的基础地位，1954 年第一届全国人民代表大会上，交通运输的现代化与农业、工业、国防现代化并列，成为中国共产党对四个现代化的最早表述。

第二节　国外关于交通基础设施与经济发展的研究

20 世纪中期特别是二战以后，独立民族国家面临重建社会发展秩序、实现经济发展的重要使命，催生发展经济学的成长、壮大。瑞典发展经济学家冈纳·缪尔达尔认为经济发展与平等改革之间存在冲突是一种谬论，他认为实现平等可以提升国家凝聚力，提高劳动生产率和促进经济发展。特别是伴随资本主义世界市场体系的形成，全球欠发达现象和区域发展不平衡问题日益受到经济学家们的重视。这一时期，经济学家对发展中国家问题的研究着重于两个视角：宏观经济视角下的研究，以及微观个体视角下的研究。

一 宏观视角下的相关研究

国家和区域之间的发展不平衡问题推动了宏观结构视角下交通基础设施促进经济增长的研究。二战之后，20 世纪五六十年代，主流发展经济学家通过对发展中国家和发达国家经济发展经历的对比研究，建立了解释发展中国家经济落后原因的理论和经济发展战略。这一阶段的发展经济学家普遍认为发展中国家国内市场体系不健全，价格机制不能充分发挥有效分配资源的作用，不足以保证发展中国家实现高资本积累和高速增长，强调国家干预、强调计划分配，强调国家强制储蓄推动物质资本积累。

美国经济史学家 W. W. 罗斯托（Walt Whitman Rostow）主张发展增长阶段模型，认为从欠发达到发达的发展阶段，最重要的是要实现从"起飞阶段"进入自我持续增长的经济增长阶段，而起飞阶段首要是获得足够的资本投资，进而促进经济增长。罗斯托强调，社会基础资本（特别是交通运输方面的基础资本）支出的三个特征（建设和收获期很长、一次性投资巨大和收益的间接方式）决定了它与一般投资不同，需要政府必须在建立社会基础资本的过程中发挥极为重要的作用，担负极为重要的任务。R. 哈罗德（Roy F. Harrod）和 E. 多马（Evsey David Domar）共同提出的哈罗德—多马经济增长模型强调了资本和储蓄在经济增长和发展起飞阶段的重要性，这样的增长能够实现自我持续增长。

但实际上，发展中国家进入现代经济增长的正轨阶段异常艰难。协调失灵现象普遍存在于欠发达地区。市场开放程度不足、新技术应用动力不足，规模效益递增的良性经济增长路径难以开始。因此，一些发展经济学家提出了意在纠正协调失灵问题的理论模型。保罗·罗森斯坦·罗丹（Paul Rosenstein-Rodan）在"大推进"理论（Big Push）中首次描述了封闭经济条件下，由于市场失灵导致开启工业化的难度。他认为，发展中国家要消除贫困，关键要实现工业化，而实现工业化的前提是有足够的资本积累，但发展中国家基础设施薄弱、企业规模过小，缺乏规模效应，外部经济效应微小，很难实现经济增长与资本积累。因此，他主张在各个工业部门进行大规模"大推进"式的投资，贫穷的发展中国家不能依靠初级产品出口吸引发达国家资本，应该促进国内多种产业"平衡增长"以相互创造市场实现工业化，促进经济持续增长。罗格纳·纳克斯（Ragnar Nurkse）同样提出了资本积累在发展中国家经济增长中的重要性，他提出"贫困恶性循环论"，发展中国家由于人均收入低，造成储蓄不足，进而资本形成不足，劳动生产率低，低产出又会造成低收入，从而陷入贫困恶性循环的陷阱。纳克斯针对资本匮乏的问题，与罗丹类似，提出要大规模增加投资，加速资本形成，并通过在多部门同步投资的基础上，促进国内市场相互需求推动，达到平衡增长。均衡发展理论中关于欠发达地区发展的研究，强调了政府的政策对于帮助和克服欠发达恶性循环的重要性。总之，仅仅依赖经济增长的自然力量促进大多数发展中国家实现经济腾飞是远远不够的。

二 微观视角下的相关研究

发展中国家欠发达状态中很重要的一个指标是人均收入较低。按照世界银行 2022 年的分类标准，人均 GNI 少于 1085 美元的国家为低收入国家，人均 GNI 介于 1086 美元与 4255 美元的为中等偏下收入国家，人均 GNI 介于 4256 美元与 13205 美元的为中等偏上收入国家，人均 GNI 大于 13205 美元的国家为高收入国家。在强调以 GDP 衡量产出增加实现经济增长同时，发展还应包括人均国民总收入的增长。交通基础设施促进经济发展的战略焦点还应包括微观个体视角下的影响。

工业的发展往往以农业和农村的发展为代价。西蒙·史密斯·库兹涅茨（Simon Smith Kuznets）通过对工业化国家发展过程中人均收入和基尼系数的观察，衡量不平等和贫困的变化模式。库兹涅茨提出了收入分配不平等程度的倒"U"形曲线，纵轴用代表不平等程度的基尼系数表示，横轴代表人均收入，随着社会经济发展，收入分配不平等程度先是迅速增长，接着缓慢下降，他认为发达国家在发展的较早阶段收入分配不平等程度是上升的，在20世纪20年代开始下降。一些学者通过对英国、美国、日本历史数据的分析，证实了工业化初期收入分配不平等有所增长的证据。

美国发展经济学家托达罗（Michael P. Todaro）认为，人均收入高本身并不能保证不存在大量的绝对贫困。因为最低收入的百分比人口所得收入占总收入的份额在国与国之间相差较大，他通过国际比较认为，贫困和高度不平等的收入分配问题不只是自然经济增长过程的结果，相反，它们依赖经济增长的特征，同时依赖收入分配的政治和制度上的安排。也就是说，仅仅依赖经济增长的自然力量来降低多数发展中国家的绝对贫困是不够的，托达罗通过比较13个发展中国家和地区的国民生产总值增长率与占人口总数40%的最低收入人口的收入增长率，明确反对库兹涅茨关于收入分配会在经济增长的晚期阶段得到改善的观点。

二战以后，传统发展主义模式受到批判和质疑。特别是在20世纪90年代以后，许多按照西方发展主义思想进行改革的欠发达国家没有实现全面现代化，加之一些西方国家发展面临危机以及受后现代主义思潮的影响，一些学者开始对传统发展主义进行反思和批判，形成了新发展主义思潮。新发展主义倡导多元文化主义，主张欠发达国家摆脱西方现代性的价值尺度和现代化发展道路，选择尊重各民族自己历史文化传统的发展路径，在新发展主义思潮的影响下，"发展""生活水平""需求""贫困"等概念内涵有所拓展。新发展观考量的是基于整体视角的发展，在贫困与反贫困问题研究上，反对单纯以收入增长为指标的扶贫活动。印度经济学家阿玛蒂亚·森（Amartya Sen）有关可行能力—贫困视角的观点进一步丰富和拓展了贫困的概念，形成了基于能力、权利和福利的能力贫困理论。

微观个体视角下的经济发展研究经历了收入维度向综合性维度的转变。个体贫困的概念和内涵不断拓展和丰富。这是由于贫困问题的复杂性和历史动态不断发展，引致欠发达研究推进历程中，经济学、社会学以及历史学等多学科理论交叉融合、批判继承，使欠发达研究呈现多元综合性视角的发展趋势，推动理论不断创新和拓展。因此，从综合性视角探讨农村发展政策，除了分析产出增长之外，还必须考察其他非量化因素对农村经济和农民个人的影响，这对于探讨低收入经济体如何实现发展是极其重要的。

第三节 关于基础设施发展模式的研究

20世纪40年代末，基础设施被经济学理论作为特定的研究对象，被发展经济学家们用于研究发展中国家的经济增长问题。西方发达国家发展历史与经济增长研究均表明交通基础设施建设对促进农业和制造业的迅速发展做出了巨大贡献。我国改革开放以来，以公路为代表的交通基础设施快速建设，对促进农村地区工农业生产产生了积极影响。但在20世纪50年代以后，关于基础设施建设应该遵循怎样的建设原则，经济学家们产生过激烈的讨论。

一 短缺压力与主动超前

基础设施是经济学家们普遍认为推动发展中国家经济增长与发展的重要基础条件，但是基础设施投资决策应该遵循"主动超前"原则还是"短缺压力"原则，有两种不同意见。

依赖短缺压力促进交通基础设施投资的主张以阿尔伯特·赫希曼（Albert Otto Hirschman）的"不平衡增长论"为代表。不平衡增长论认为，平衡发展理论本质上是一种回顾性的比较静态学的运用，但是实际上，发展是一种不平衡的连锁演变过程，"导致偏离平衡"的结果恰恰是发展的理想格局。因此，在投资选择方面，基于穷国经济负担较重的现实，他认为交通基础设施作为社会间接资本，在不能与直接生产活动同时扩展的前提下，"依赖通过短缺求得发展比通过过剩能力似乎更为安全些"，通过社会间接资本短缺所产生的诱导性投资特别适用于不发达国家的落后地区。现实中，大多数发展中国家选择的都是在短缺压力下施行的基础设施发展模式，直接原因是基础设施建设受资金、技术、时间等条件约束较强，而发展中国家普遍存在资本短缺、技术落后的困难，如果超前投资基础设施，可能会对直接生产部门产生挤出效应，造成基础设施闲置和浪费。

主张优先超前进行基础设施投资的观点以"大推进"理论为代表。罗森斯坦·罗丹在"大推进"理论中指出，经济中存在 3 种不可分性，一是资本供给不可分，特别是社会分摊资本供给的不可分性，基础设施建设需要一个最低限度的大投资量才能建成，不能仅依靠一个部门的单项投资建成；二是储蓄的不可分性，投资依赖于储蓄，储蓄受制于收入水平，而收入依赖于大规模的投资；三是市场需求的不可分性，投资是否成功与市场需求密切相关，为形成广大市场必须在多部门和多行业内进行大规模投资，才能形成彼此联系的国内市场。基于不可分性，他认为在国民经济发展的初期，要一次性投入大量资金优先进行基础设施建设，对于造成的闲置和浪费是在欠发达国家最初阶段在所难免的情况。姆里纳尔·达塔·乔德赫里（Monynur Data Jordehory）在评述罗森斯坦·罗丹"大推进"理论的基础上认为，落后国家发展要破除基础设施滞后对工业化过程的阻碍，政府在基础设施的建设和管理上起着重要作用。在混合经济国家，大多数直接生产性企业属于私人部门，私人部门投资决策受盈利判断的影响，政府缺少直接引导私人企业向某一领域投资的手段，因此社会分摊资本投资（基础设施投资）必须先于直接投资，"这种因果关系是不可能颠倒过来的，因而这种体制必须容忍各种基础设施的服务能力出现相当大的过剩"，以使工业化过程不致因基础设施滞后而受到阻碍。作为直接参与基础设施建设投资决策的政府，姆里纳尔·达塔·乔德赫里认为在穷国资源稀缺的情况下，需要对不同落后地区发展政策做出综合判断，需要对农业和以农业为基础的经济活动加以改组，以符合社会分配目标的要求。

二　有效供给下的基础设施发展模式

中国作为世界上最大的发展中国家，自 20 世纪 80 年代开始贫困问题的学术研究以来，在对国外贫困与反贫困理论梳理和分析比较下，逐步建立了本土化的理论观点体系。发展经济学家张培刚认为，"不平衡增长"理论之所以能够影响发展中国家的经济政策，是因为这一理论在一定程度上反映了发展中国家资本短缺的现实问题和加快工业化发展的迫切需求，但是发展中国家在初始时期经济高速增长时，往往会由于基础设施供应不足和"瓶颈"状况，造成资源配置低效率和经济波动。基础设施一旦成为发展的瓶颈，在短期内难以解决，因为：首先，基础设施建设需要大量资金投入，短期内难以筹措；其次，基础设施建设投资周期长会引起时滞效应，增加供给的弹性较小，难以适应直接生产部门迅速增长的需求，导致直接生产部门压缩需求，并与滞后的基础设施在低水平上维持均衡；最后，基础设施短缺还会造成对基础设施的过度使用，引起基础设施维护成本提高，服务质量下降，服务期限缩短。

张培刚在基于中国国情的基础上指出，基础设施成为发展中国家发展"瓶颈"主要基于三个原因：一是发展中国家国土面积广，资源分布散，既要保证基础设施与直接生产部门在总体和地区上分布协调，又要保持区域间工业发展相对平衡十分困难；二是在实行计划经济体制下，国家既承担基础设施投资又承担对直接生产部门的投资，中央政府有追求高速经济增长的内在冲动，分权体制下的地方政府有发展制造业的偏好，使基础设施投资难以占重要地位，并且计划经济下国家筹措资金能力有限，制约了基础设施投资建设；三是基础设施的"公共物品"属性，在国家实行进口替代战略和对制造业加以保护的前提下，往往采取低价收费政策，这样直接刺激了对基础设施的不合理需求，使基础设施更加短缺。

因此，张培刚提出，发展中国家要消除基础设施对经济发展的"瓶颈"现象，必须从控制需求和增加有效供给两方面同时着手。控制需求是指要控制直接生产部门过快扩张，使之与基础设施供给能力相适应，避免直接生产部门对基础设施的过度需求，同时通过竞争机制促进直接生产部门改进技术，提高效率，减轻对基础设施部门的需求压力，并为基础设施建设扩大资金来源，还要适当提高基础设施部门产品和服务的收费标准，适当抑制对基础设施的超额需求，有利于基础设施维护与自我发展。关于增加基础设施有效供给的主张，他认为要从五方面着手，一是改革投资体制，政府要主动承担基础设施建设的主要责任；二是根据各地、各类基础设施的结构和状况，在正确预计直接生产部门产出与发展的基础上，做好基础设施发展的长期规划，保证各类基础设施有效配合和在各区域内的合理分布；三是根据长期规划采取多种形式筹集建设资金，如利用社会资本及外资等；四是提高基础设施部门技术水平，提高产出效率和有效供给能力；五是要加快基础设施部门体制改革，通过产权交易或特许经营等多种方式适当引入竞争机制，促进基础设施部门提高效率和效益。

三 "随后—同步"型的基础设施发展模式

对于资本短缺的农村地区，既要保持经济高速增长，又要使基础设施建设与经济活动同步发展，很难同时实现两个目标。唐建新等学者认为，关于如何将有限资源合理有效配置，第二次世界大战后日本在基础设施建设方面的"随后—同步"型发展模式具有借鉴意义。第二次世界大战后，日本资本短缺、经济困难，很难模仿英国基础设施建设超前发展模式，也很难实现美国同步式模式，其在实践中采取了"随后—同步"型模式，即直接生产部门投资优先，基础设施建设紧随其后，形成经济高速增长与基础设施发展亦步亦趋的态势，基础设施发展保持最低限度的必要量，对经济发展不形成阻力。

日本"随后—同步"型发展模式遵循两个原则：一是基础设施发展紧随直接生产部门发展需求，力求同步；二是优先发展生产性基础设施，后发展生活性基础设施。在第一个原则下，以交通基础设施为例，从 20 世纪 40 年代末到 60 年代初，交通基础设施对经济发展出现三次阻、促交替局面。第一次是在二战后日本经济恢复初期，已有交通基础设施不能满足制造业产值增长的运输需求，日本在资金有限的情况下，重点解决交通"短板"问题，以恢复内航航运和改善铁路"卡脖子"区段问题为主。第二次是在 50年代"神武景气"经济高速增长时，日本为解决运能不足的问题，开始确定修建高速公路和高速铁路方针，在之后的"岩户景气"时期，表现出对外贸易需求大幅增长，日本政府着手港湾整备建设，在 60 年代大幅增加对交通基础设施的投入。交通基础设施建设从亦步亦趋紧随经济增长需求开始，逐步加快速度、提高质量，为后来第三次经济发展高潮"伊诺景气"准备了发展条件，逐步实现了交通基础设施与经济协调发展的格局。在第二个发展原则指导下，20 世纪 70 年代日本经济实现稳定增长后，才逐步加大对教育、文化、医疗、卫生等生活性基础设施的投入。

日本"随后一同步"型基础设施发展模式对我国农村地区发展有借鉴意义。在经济发展初期，资本缺乏的农村地区交通基础设施建设的短板问题应采取针对性措施予以解决，采取分阶段集约型投资方式，不能形成长期制约经济发展的瓶颈，同时有助于缓解资金和基础设施不足的矛盾。但日本在前期过于注重生产性基础设施建设，对生活性基础设施建设投入滞后，导致很长时期内两者发展不均衡的问题凸显，给经济的可持续性发展造成了压力。

第四节　理论述评与启示

伴随工业革命推进和资本主义制度的确立，在经济高速增长的背景下，全球性的农村发展问题逐步受到学术领域的关注和重视。经济学是农村发展研究的重要学科领域和理论来源。20 世纪 50 年代之前，古典经济学、发展经济学等学派领域出现了对发展中国家欠发达状态的理论思考和初步实践。其后，以凯恩斯为代表的新古典经济学注重从资本匮乏的角度解释欠发达问题以及国家、地区之间的发展差距问题，主张强调通过经济增长以解决欠发达问题。发展经济学在此基础上，更加强调低收入经济体要实现经济持续发展的目标，"经济增长"不能等同于"经济发展"，除了可量化因素如物质资本的数量扩张，还应包括人力资本等非量化因素变化的过程，经济增长只是经济发展的数量方面。交通基础设施是实现经济发展的重要因素。交通基础设施由于投资规模大、建设周期长、资本系数高，对于资本短缺的农村地区，如何在投资直接生产部门以及交通基础设施部门之间做出选择，非常困难。不论是罗森斯坦·罗丹主张的"大推进"式的优先发展基础设施建设，还是赫希曼认为在直接生产部门出现瓶颈"压力"下诱致基础设施发展，都不适合中国人口多、地域广、资源分布散的国情。综上所述，基于对西方理论研究的相关分析，中国在农村地区交通基础设施推动经济发展的研究应遵循以下几方面思路。

其一，西方关于交通基础设施促进经济增长的理论研究背景以及中西方经济社会发展程度的差异，需要在西方理论基础上提出具有中国特色的综合性分析框架。因此，有必要回顾与理解中国农村地区的经济结构与交通基础设施推动经济增长的历史进程，以推动西方理论研究的本土化发展。

其二，交通基础设施发展促进农村地区经济增长的研究是不足的。在经济增长的分析基础上，还应重视微观个体层面的研究，特别是影响农村个体收入基本决定因素的相关研究，以提高交通基础设施的资本投入效益和政策干预精准度。

其三，中国的基本国情决定了农村地区通过交通基础设施投资实现发展的路径，必须遵循有效供给的原则，并配套发展社会类基础设施。有效供给意味着交通基础设施投资的方向必须更加精准，研究的视角要深入交通基础设施的结构分类中，探讨交通基础设施不同结构对经济发展的影响作用，以制定科学有效的政策。

第二章
农村交通基础设施政策发展演变与历史逻辑

20 世纪初，伴随汽车等现代交通工具引入中国，相对贫困的农村地区开始逐步在古老的车马驿道交通基础上，发展现代交通基础设施。交通基础设施促进农村经济增长的历史发展过程，实质上也是中国在不断探索如何借助资本分配实现经济发展的过程。中国农村大部分地区远离中心城市，一些地区处于深山戈壁等偏远之地，公路是最主要的甚至是唯一的交通基础设施。从孙中山先生指出公路建设是现代社会交通的首要建设目标，到进入新时代后习近平总书记多次就农村公路发展作出重要指示，要求建好、管好、护好、运营好农村公路，对农村公路助推广大农民脱贫致富奔小康寄予殷切期望。"公路通，百业兴"正是中国百年减贫事业的一个历史写照，交通建设是中国农村开发战略的重要组成部分，回顾中国农村交通基础设施百年历程，系统总结中国交通促进农村发展的宝贵历史经验，科学阐释历史经验的当代启示，对实施乡村振兴战略以及实现农业农村现代化具有深远意义，也是交给全世界的一张具有中国特色解决农村发展问题的答卷。

第一节　近现代中国交通基础设施政策演变与发展

中国是世界上最大的发展中国家，历史上城乡二元经济结构特征极其明显，城乡公共产品投入也在很长历史时期内呈现二元差异化特征，使农业农村现代化进程长期受制于基础设施规模和质量的不足不优。交通基础设施在农村地理空间上能够有效促进劳动力流动、提高经济活动效率，是农业现代化、农村市场化发展的重要先决条件。农村交通基础设施开始作为政府以减贫为目的的重要政策工具，其演变与发展是农村社会经济发展历史脉络的直接缩影，既反映"三农"问题的深层次原因，也是着力解决"三农"问题的关键。

20世纪初，孙中山先生提出中国要建设"铁路一十万英里，碎石路一百万英里……"，他看到公路建设是现代社会交通的首要建设目标，"自动车为近时所发明，乃急速行动所必要。吾侪欲行动敏捷，作工较多，必须以自动车为行具。但欲用自动车，必先建造大路"。早在1948年10月，毛泽东在《中共中央关于九月会议的通知》中指出，"必须尽一切可能修理和掌握铁路、公路、轮船等近代交通工具，加强城市和工业的管理工作，使党的工作的重心逐步地由乡村转到城市……恢复和发展工业生产和农业生产则需要有较好的组织工作……首先是解决交通运输和修理铁路、公路、河道的问题"。进入新时代后，习近平总书记在调研农村地区发展时，多次批示农村公路建设，指出农村公路是广大农民致富奔小康、加快推进农业农村现代化的重要保障，并提出了"四好农村路"的建设目标。2020年中央一号文件《关于抓好"三农"领域重点工作确保如期实现全面小康的意见》中，仍然把农村公路作为首要解决的"短板问题"。

一　二元分割的农村交通基础设施起步阶段（20世纪初至1948年）

（一）县道建设纳入政府管理范围

20世纪初，随着汽车等现代交通工具的引入，城市道路交通得以迅速扩建，而农村交通基础设施仍然以通行车马的道路为主，这是当时中国农村社会生产力极其低下的表现。中华民国成立初期，战乱频繁，农村交通主要依靠的仍然是以前的驿道交通和旧有大路，农村交通建设、管理尚未走向现代化和正规化。民国元年（1912年），始设于光绪三十二年（1906年）的邮传部改为交通部，职权从以前的铁道方面逐步扩大到国道方面，但农村道路尚未纳入国家层面的政策范围。1919 年底，北洋政府大总统以教令第 21 号文件正式公布《修治道路条例》，是民国时期最初的国家公路法规，沿袭清代的行政区划分法，农村道路主要是县道和里道（村道），由各县知事（县长）核定道路具体路线，会同地方自治团体修治，但该条例并未得到有效执行。中华民国 10 年（1921 年）秋，安徽设省道局，是地方政府专业建设管理公路的开始，同年制定《安徽省省道计划》，主要还是在旧有的官路、驿道线基础上改扩建公路。但由于当时军阀割据和经济薄弱，地方道路仍然搁浅纸上。1930 年左右，全国各省公路局逐步建立，地方公路的修建、养护、管理工作逐步在体制上走上正轨，下辖各县的公路交通管理机构相继成立，农村道路主要是县道，开始纳入政府管理范围。直至 1932 年"全国经济委员会公路处"在国民政府交通部下成立，"公路"一词正式确定，全国公路建设包括县道建设开始走上正轨。

（二）老少边穷地区交通建设迟缓

抗日战争胜利，民国 35 年内战全面爆发后，国民党政府统治区域面积日益缩小，无暇顾及公路建设，交通部择要在西北和西南的一些特殊贫困地区组织修建和改建了少量公路。西北地区主要包括两条主线，一是由甘肃敦煌起，经甘、新两省交界芨芨台到新疆若羌，后向西展筑至于阗；二是由青海省青藏公路倒淌河起至若羌的青新公路，两条公路属国道，仅实现了毛路初通，但在国防、经济以及民族团结等方面具有促进意义。六盘山地区中，甘肃通往四川的甘川公路、静宁经西吉至海原的公路未能建成通车。西南地区，如秦巴山区计划经平昌、巴中、旺苍打通大巴山公路，在新中国成立之前仅完成 1/5 路段的路基土方。

（三）新中国成立前农村交通建设的进步与不足

这个时期的农村交通基础设施以土路通行为主，以交通主动脉为建设重点，虽在运输方式上仍以肩挑畜驮为主，但在客观上促进了城乡物资交流，为农业产业发展奠定了初步基础，推动了农村经济的起步，并为特殊贫困地区交通发展打下了初步基础。新中国成立前这一时期的农村交通基础设施虽然发展极其缓慢，但较之前有两方面的进步：一是道路的阶级性逐步取消，较之前官道、驿道专为政治军事便利而建的属性消失，开始出现为发展城乡间工商业经济而修建的道路，客观上促进了农村经济资源的流动；二是从建设管理体制和法规上，县道的划分及权责归属形成了制度，这对于经济发展的制度供给起到一定积极作用。但存在的不足是：一是发展政策推行缓慢，农村交通基础设施建设总量不足，且技术标准低、工程质量差，1949 年末，包括解放区抢修恢复的部分公路在内，全国勉强通车公路仅有 8.07 万公里；二是国民政府交通部在地方公路建设管理上最多延伸至县道，也就是说农村内部道路建设在政策上属于空白，并未纳入国家管理体系，成为公共产品。农村道路还属于乡村自治范畴，由地方自治团体修治，而不是基层政府组织，因此，在组织管理和资金投入方面得不到有效保障，发展受到严重制约，特别是特殊贫困地区的农村道路建设尚属空白地带。

二　低水平均等化发展的农村交通基础设施形成阶段（1949～1978年）

（一）县乡公路列入新中国交通发展计划

新中国成立后至改革开放前，中国以计划经济体制为主导。公路政策演变经历了由基本符合经济规律到不符合经济规律，再到一定程度纠偏的过程。1949 年 11 月 1 日，中央人民政府交通部成立，次年 2 月 21 日政务院发布政策文件《关于 1950 年航务和公路工作的决定》，该决定提出将公路按性质划分为国道、省道和县乡道路，实行分级管理，县乡道路由专区和县负责修建、养护，同时对民工建勤、征收养路费、公路养护等重大问题作了明确规定。这一文件为新中国成立后的各级公路建设、养护和管理工作指明方向，县乡公路正式列入新中国交通事业发展工作计划。

（二）老少边穷地区交通建设的三次高潮

1949～1978 年，农村公路交通出现过三次建设高潮。第一次建设高潮是在全国农业合作化运动加快后，县乡间短途运输需求增大，1956 年 1 月中共中央公布《一九五六年到一九六七年全国农业发展纲要草案》，提出要在10～12 年内建成地方道路网的要求，4 月，交通部发出《关于加速地方交通建设的指示（修正草案）》，同时公布了简易公路、大车道、驮运道 3 个建设标准，为农村道路建设确立规范，迎来新中国成立后的第一次建设高潮。其中简易公路修建最多的省份是甘肃省，其次是黑龙江省和四川省，加上新疆、内蒙古、广西等少数民族自治区及少数民族聚居较多的滇、黔、青等省共建简易公路 59232 公里，约占全国建设里程的 83%。1957 年，全国不通公路的县城从 1955 年的 336 个减为 151 个，农村地区的交通状况开始有所改善。

第二次建设高潮是在 1958~1960 年，在全面大跃进的形势下，交通部提出"依靠地方、依靠群众、普及为主"的方针，全党全民办交通，农村交通基础设施得到更大规模的发展。贫困集中的云南、甘肃、湖南等省也取得了交通建设前所未有的大发展，全国不通公路的县在 1960 年减少到 20 个，农村地区的公路普及取得了令人瞩目的成就。第三次建设高潮是在 1975 年 9 月国务院召开全国农业学大寨会议后，各地在"山、水、田、林、路"统一规划下发展交通支农建设，以路支农、以农带路的县社公路建设高潮再次兴起。

（三）国家对农村公路交通的建设投资

1949~1978 年，国家对农村公路交通建设投资主要是三个渠道：中央财政投资、地方财政补助投资和民工建勤政策。1951 年政务院颁布《关于 1951 年民工整修公路的暂行规定》形成的民工建勤制度，依靠农村劳动力担负建勤修路、养路工作，对县乡公路修建和养护做出极大贡献。由于新中国成立初期，养路费很少，地方财政补助投资主要来源于地方基建投资和计划外地方财政补助费。1953 年第一个"五年计划"中明确中央财政对地方交通投资 7.39 亿元，"一五"计划期间，全国地方财政对公路建设投资 4.99 亿元。

（四）改革开放前农村交通建设的不足与进步

从新中国成立到改革开放前，国民经济在极其艰难曲折的过程中前进，使农村交通基础设施建设早期片面强调数量增长，片面强调依靠地方，存在技术力量专业性不足、工程质量不合标准、过多抽调农村劳动力等问题。但仍有三方面发展：一是建设管理的政策目标更加明晰，乡、社道路建设养护得到中央和地方政府的大力支持，农村内部交通基础设施逐步纵深发展；二是在建设政策的支持下，农村交通基础设施规模扩大，到1978年末，全国县社公路达到58.6万多公里，不通公路县城从1955年的336个减少到仅剩2个，基本实现了县县社社通公路的目标；三是在后期，农村交通基础设施发展与前两次建设高潮主要以数量为目标不同，第三次农村公路建设高潮在建设之初，综合其他农村基础设施建设规划，明确道路修建技术标准和质量要求，加大支农力度，明显改善我国农村交通基础设施条件，服务农业生产的能力得到提高。

三　服务经济发展的农村交通基础设施改革提高阶段（1979～2002年）

（一）交通扶贫的开端

1978年党的十一届三中全会以后，全党的工作重点转移到经济建设上来，在国民经济调整过程中农业的基础性地位得到再次重视，农村经济活力被再次激发。这一时期，国家转变了过去一直以国防公路为重点的政策导向，转向发展经济公路。1979～2002年，随着农村家庭联产承包责任制的推行和农产品统派统购制度的取消，农村经济组织得以重塑，出现了农户家庭经济、联合经营体和乡镇企业等新型农村经营发展范式，极大地提升了农民的自主性和积极性，农民群体逐渐适应了依据国家计划组织生产朝自找市场销路的转变。农村经济的开放发展，对农村交通基础设施的数量、质量和路网功能提出了更高要求。

"六五""七五"期间，农村交通基础设施建设政策重点以建设县乡公路网、加宽改造县乡路和建设扶贫公路为主。1982年10月，交通部在山西长治召开全国县乡公路建设现场会议，明确了通过建设县乡公路网以服务地方经济的政策导向；1984年12月，交通部在四川眉山县召开全国公路交通发展问题座谈会，推广依靠群众加宽改造县乡公路的经验。1984年11月，经国务院批准，国家计委决定自1984年冬季开始，采用以工代赈的方式，建设贫困地区的由县到乡以及从乡到农产品集散地的道路，这是我国扶贫公路的开端，从 1984 年底至 1990 年，修筑扶贫公路 13.12 万公里，有力地改善了贫困地区群众的生产生活。

（二）以工代赈修建老少边穷地区公路交通

改革开放后，我国边远地区、少数民族聚居区和部分老革命根据地的温饱问题尚未解决，绝大部分地处偏远农村地区。1984 年，全国农村人均纯收入在 200 元以下的约有 1.18 亿人，中共中央和国务院提出了尽快改变贫困地区面貌的要求。1984 年 11 月，国家计划委员会决定从冬季开始，在三年内从商业库存中拿出粮食 100 亿斤、棉花 200 万担、棉布 5 亿米拨给贫困地区，重点是严重缺粮、缺衣和交通十分闭塞的县、乡，主要用于修筑由县到乡以及从乡到农产品集散地的道路等交通基础设施，并规定不得挪作他用。国家采用这种方式调拨物资，以以工代赈的方式作为参与工程建设的民工工资补助。除京津沪三市和江苏省外，其他省份从 1984 年到 1987 年底用于修建扶贫公路的物资折合人民币 17 亿元，地方筹集的配套资金 11.78 亿元。六盘山区的宁夏固原、西吉等县，秦巴山区的苍溪、巴中、南江、通江、万源等县，贵州毕节、安顺、黔西南等贫困程度深的地区交通得到明显改善，对开发农村产业、繁荣农村经济、促进城乡交流和改善人民生活起到了促进作用。截至 1998 年，全国乡镇通公路、行政村通机动车的比例分别提升至 98.7% 和 87.7%，老少边穷地区交通落后面貌大为改观（见图 2-1 和图 2-2）。

（三）国家帮扶政策与筹资渠道

"八五""九五"计划期间，国家用以工代赈、交通扶贫、加大养路费投入等多种政策帮扶县乡公路建设。交通部"八五"计划提出"按产业政策要求，调整运输经济结构，进一步抓好支农交通建设"；"九五"计划提出"加强中西部地区、贫困地区公路建设"；《国家八七扶贫攻坚计划》明确要求加强农村交通基础设施建设，"绝大多数贫困乡镇和集贸市场、商品产地的地方通公路""新增的以工代赈主要用于修筑公路……要重点修筑县乡之间的公路和通往商品产地、集贸市场以及为扶贫开发项目配套的道路"

图 2-1　1978~2012 年不通公路乡（镇）变动情况

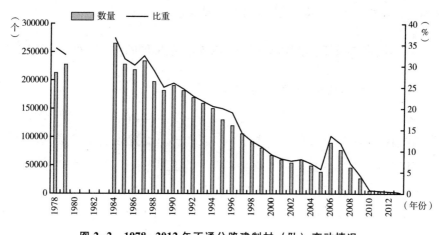

图 2-2　1978~2012 年不通公路建制村（队）变动情况

资料来源：中国公路学会，《中国公路史》（第三册），人民交通出版社，2017。

"交通部门要配合实施以工代赈计划，增加投入，加快贫困县、乡公路建设……"。

改革开放以来，除了部分中央补助资金，地方筹资政策灵活，县乡公路建设资金来源渠道更加广泛，包括村民自筹资金、沿线受益单位和乡镇企业出资、海外华侨和港澳同胞捐资以及利用世界银行、亚洲开发银行、日本海外经济协力基金会、私人友好公司贷款等诸多外资渠道。截至 1990 年底，据不完全统计，利用外资：美元 124245.9 万元，日元 281.5 亿元，港币 1.5 亿元，人民币 9350 万元。①

（四）2003 年前农村交通建设的发展特点

从改革开放到 2002 年的 24 年间，农村公路交通发展具有以下典型特点：一是在改革开放的时代背景下，农村公路交通在数量、质量和路网功能上得到提高，通达深度进一步提升，路网结构趋向合理，与地方经济结合更加紧密，加速了农业和农村经济市场化发展；二是在西部大开发的战略决策下，农村公路交通在原先扶贫公路建设基础上，从东部地区向中西部地区推进，向贫困地区推进；三是通过深化改革、引入市场化手段，农村公路交通开放建设市场，投融资政策向多元化、市场化转变，直接扩大了交通建设投入资金的规模，县乡公路建设开始逐步提速。

四 城乡统筹下的农村交通基础设施突破发展阶段（2003~2012年）

（一）全面启动农村公路交通建设

进入 21 世纪后，城乡发展差距不断扩大，二元结构、工农关系进入矛盾尖锐时期。2002 年 11 月，党的十六大作出全面建设小康社会的战略决策，2003 年 1 月，中央农村工作会议第一次正式提出，把解决"三农"问题作为全党工作的重中之重。繁荣农村经济、加快城镇化建设、推进西部大开发等一系列发展主题都与农村交通基础设施息息相关。2003 年 2 月，交通部提出"修好农村路，服务城镇化，让农民兄弟走上油路和水泥路"的号召，由此，在中国农村公路发展的关键十年，从农村公路的定义、路的形态变化、管理方式、投资力度以及对农村社会经济发展的促进作用上，实现了历史性突破。

农村公路交通基础设施的定义范畴不断扩大。1998 年 1 月 1 日开始实施的我国公路行业最高层次法《中华人民共和国公路法》中尚没有"农村

---

① 交通部中国公路交通史编审委员会：《中国公路史》（第二册），人民交通出版社，1999。

公路"的准确定义。2003 年，国家发展计划委员会和交通部联合印发的文件中，首次将"农村公路"定义为"一般是指通乡（镇）、通行政村的公路"。2005 年，国务院办公厅在《关于印发农村公路管理养护体制改革方案的通知》（国办发〔2005〕49 号）中重新表述为：农村公路（包括县道、乡道和村道）是全国公路网的有机组成部分，是农村重要的公益性基础设施。村道正式从国家政策层面上被列为农村公路基础设施的重要组成部分。

（二）老少边穷地区的交通减贫专项工程

针对老少边穷地区交通扶贫建设的重点和难点，交通部在 21 世纪初分阶段启动实施多个专项工程，包括"西部通县油路工程"，以及被简称为"通达和通畅工程"的县际和农村公路建设工程，以及"革命老区农村公路建设""红色旅游公路建设"等。

2003 年，国家发展和改革委员会从当年国债资金中安排 110 亿元，交通部从车购税中安排 96 亿元，用于通县油路及通达工程，建设力度之大前所未有，截至 2003 年底，除西藏外，西部地区实现了县县通油路。通达和通畅工程的重点是解决大部分在西部地区的乡镇和行政村不通公路的问题，以及农村公路技术等级不高、抗灾能力低、路况差的问题。从 2004 年开始，以"三农"为主题的中央一号文件连续 7 年逐步细化实施政策与目标，对农村公路建设作出部署安排。2004 年中央一号文件将"乡村道路"列为加强农业和农村基础设施建设的"六小工程"；2005 年中央一号文件进一步细化农村公路政策，提出"加大农村公路建设力度，统筹考虑农村公路建设的技术标准、质量管理和养护等问题，合理确定农村公路投资补助标准"；2006 年中央一号文件提出明确目标，"要进一步加强农村公路建设，到'十一五'期末基本实现全国所有乡镇通油（水泥）路，东、中部地区所有具备条件的建制村通油（水泥）路，西部地区基本实现具备条件的建制村通公路……按照建管并重的原则，逐步把农村公路等公益性基础设施的管护纳入国家支持范围"。

（三）农村公路发展体制机制和政策体系不断完善

这一时期，农村公路交通建设的目标任务、管理体制和资金来源在政策上更加明朗。2005 年，国务院审议通过的《农村公路建设规划》确定 2020 年农村公路建设总目标、重点任务；同年，国务院发布《农村公路管理养护体制改革方案》，明确各级政府和交通主管部门对农村公路管理养护责任，建立以政府投入为主的稳定的养护资金渠道；2006 年交通部第 3 号令发布《农村公路建设管理办法》，对农村公路建设体制与建设资金来源作了进一步规定，"农村公路建设逐步实行政府投资为主、农村社区为辅、社会各界共同参与的多渠道筹资机制。鼓励农村公路沿线受益单位捐助农村公路建设，鼓励利用冠名权、路边资源开发权、绿化权等方式筹集社会资金投资农村公路建设，鼓励企业和个人捐款用于农村公路建设"。

（四）农村公路交通发展取得的历史性成就

2003 年中央全面启动农村公路建设后，农村公路交通发展取得了不同于以往任何历史时期的成就。一是农村公路定义更加明晰、范畴更加宽广。从 20 世纪 20 年代中国城乡公路交通建设尚未形成体系，国民政府农村道路建设局限于县道，到新中国成立后，农村道路延伸至乡道，2005 年正式纳入村道，农村公路作为广大农村地区最主要的交通基础设施，一个完整的体系得以建立。二是农村公路建设加快提速，投资规模创历史最高。2004～2013 年农村公路建设投资总规模达到 1.88 万亿元，其中东部 6481 亿元，中部 5264 亿元，西部 7069 亿元。① 三是农村公路交通发展战略、建设步骤、政策目标更加明确。通过县际和农村公路通达通畅建设、革命老区农村公路建设、扶贫公路建设、红色旅游公路建设等专项工程的实施，农村公路交通从以前面上发展向纵深发展。

五 农村交通基础设施重点领域大规模建设与发展阶段（2013～2020年）

（一）农村地区与交通减贫

2012 年，习近平总书记在河北省阜平县考察扶贫开发工作时强调，没

---

① 数据来源于《中国公路十年观察报告》。

有农村的小康，特别是没有贫困地区的小康，就没有全面建成小康社会。2011 年 12 月，中共中央、国务院印发《中国农村扶贫开发纲要（2011~2020 年）》，详细划分 14 个集中连片特困地区涉及范围，明确中央财政专项扶贫资金新增部分主要用于连片特困地区，将集中连片特殊困难地区作为脱贫攻坚主战场。2013 年 11 月，习近平总书记在武陵山片区的湘西自治州调研时首次提出"精准扶贫"的概念，此次调研还指出："贫困地区要脱贫致富，改善交通等基础设施条件很重要，这方面要加大力度，继续支持。"农村交通条件的改善成为"精准扶贫"的重要方面，特别是关于农村公路的一系列重要批示，成为引领新时期我国农村公路交通发展的重要政策。

党的十八大以来，"四好农村路"引领农村公路发展政策不断深化、细化，为打赢脱贫攻坚战和全面建成小康社会提供了强有力的交通支撑。2014 年 3 月 4 日，习近平总书记对农村公路发展作出重要批示，首次提出"四好农村路"，要求通过创新体制、完善政策，进一步把农村公路建好、管好、护好、运营好，逐步消除制约农村发展的交通瓶颈，为广大农民致富奔小康提供更好的保障。2016 年 9 月，习近平总书记作出重要指示，指出要想富，先修路仍不过时，"四好农村路"建设是总结经验，特别是成功经验所提出的，要认真落实、久久为功。2017 年 12 月，习近平总书记再次批示指出，"四好农村路"建设为农村特别是贫困地区带去了人气、财气，也为党在基层凝聚了民心，要从实施乡村振兴战略、打赢脱贫攻坚战的高度，进一步深化对建设农村公路重要意义的认识，聚焦突出问题，完善政策机制，为广大农民致富奔小康、为加快推进农业农村现代化提供更好保障。

（二）农村地区交通减贫的政策保障

根据中央扶贫开发工作会议精神和《中国农村扶贫开发纲要（2011~2020 年）》的部署，交通运输部 2012 年 7 月发布了《集中连片特困地区交通建设扶贫规划纲要（2011~2020 年）》。规划范围包括除已明确实施特殊政策的西藏、四省藏区、新疆南疆四地州之外的 11 个集中连片特困地区，涉及 19 个省区市的 505 个县，区域面积 141.3 万平方公里，区域人口 2.28 亿人，农村人口 1.96 亿人。规划对集中连片特困地区的高速公路、国省干线和农村公路等重点交通基础设施领域在政策制定、资金分配、项目安排上给予倾斜，并制定了 11 个片区专项规划。此外，交通运输部还就加强农村公路交通形成了系列推进政策，出台了《关于推进"四好农村路"建设的意见》《"四好农村路"督导考评办法》，修订《农村公路管理养护体制改革方案》等；国务院办公厅出台《关于创新农村基础设施投融资体制机制的指导意见》等。各项中省政策举措从建设、管理、养护、运营、投融资、考核督导等多方面形成强大合力，配合精准扶贫脱贫政策，加速推进农村公路基础设施高质量发展。截至 2020 年末，农村公路里程 438.23 万公里，是 1978 年的 7.4 倍，极大解决了贫困地区脱贫致富难题，对下一步实施城乡统筹发展和乡村振兴战略提供了政策支持。

（三）党的十八大以来农村地区交通基础设施发展成就

党的十八大以来，全国农村公路经历了以适应全面建成小康社会为导向，以乡镇、建制村通畅工程为重点的大规模建设与发展阶段，农村公路覆盖范围、通达深度、通畅水平、服务能力显著提高，农村交通运输条件明显改善，农民群众"出行难"问题得到基本解决，为打赢脱贫攻坚战发挥了巨大作用。这一时期农村公路交通基础设施有以下三方面的发展。一是从规模速度型向质量效益型转变，农村公路建设标准提高，管理体系建立，"有路必养、养必到位"目标基本实现，农村公路作为一种经济资源与农村产业发展紧密结合，"交通+"发展模式不断创新。二是强有力地促进了贫困地区发展，是全面建成小康社会的"先行官"。2019 年全国 24 个省份实现所有具备条件的乡镇、建制村通客车，建成农村地区资源路、旅游路、产业路 8300 余公里。贫困地区农业生产条件、农民生活条件显著改善，有力支持了现代农业生产体系、产业体系、经营体系的建立，改变了村容村貌，促进了乡风文明。三是农村公路发展的重要性全面提升，"四好农村路"纳入地方政府目标考核体系，部、省、市、县四级考评体系建立。截至 2020 年底，我国已实现具备条件的乡镇和建制村通硬化路、通客车，历史性解决了农村地区行路难的问题，为打赢脱贫攻坚战、全面建成小康社会、服务乡村振兴战略提供了坚实支撑和服务保障。

六　农村交通基础设施服务乡村振兴战略高质量发展阶段（2021～2035年）

（一）农村交通基础设施建设目标和重点

乡村振兴，交通先行。2019年，中共中央、国务院印发《交通强国建设纲要》，计划从2021年到本世纪中叶，分两个阶段推进交通强国建设。到2035年，基本建成交通强国，拥有发达的快速网、完善的干线网、广泛的基础网，城乡区域交通协调发展达到新高度。到本世纪中叶，全面建成人民满意、保障有力、世界前列的交通强国。2021年，中共中央、国务院印发《国家综合立体交通网规划纲要》，要求推进城乡交通运输一体化发展，加快推动乡村交通基础设施提档升级，全面推进"四好农村路"建设，实现城乡交通基础设施一体化规划、建设、管护。提高城乡交通运输公共服务均等化水平，巩固拓展交通运输脱贫攻坚成果同乡村振兴有效衔接。并强调推进交通与邮政快递业、现代物流、旅游、装备制造等相关产业融合发展。为贯彻落实习近平总书记关于乡村振兴、"四好农村路"建设等重要指示批示，落实《交通强国建设纲要》《国家综合立体交通网规划纲要》部署要求，交通运输部印发《农村公路中长期发展纲要》（简称《纲要》），指导全面建设社会主义现代化国家新征程阶段农村公路建设与发展，服务支撑乡村振兴战略实施。《纲要》明确农村公路是包含县道及以下公路，是我国公路网的重要组成部分，是交通强国建设的重要内容，是农村地区最主要甚至是唯一的交通方式和重要基础设施，是保障和改善农村民生的基础性、先导性条件，对实施乡村振兴战略具有重要的先行引领和服务支撑作用。

《纲要》以推动"四好农村路"高质量发展为主题，计划到2035年，形成"规模结构合理、设施品质优良、治理规范有效、运输服务优质"的农村公路交通运输体系，"四好农村路"高质量发展格局基本形成。到2050年，全面建成与农业农村现代化发展相适应、与生态环境和乡村文化相协调、与现代信息通信技术相融合、安全便捷绿色美丽的农村公路交通运输体系。《纲要》对农村交通基础设施建设的七项主要任务进行了安排部署。一是构建便捷高效的农村公路骨干路网，提升乡镇及主要经济节点路网建设标准，加强对外快速骨干公路建设，促进城乡互融互通，促进公路网络建设与乡村产业发展深度融合。二是构建普惠公平的农村公路基础网络，推进公路建设项目更多向进村入户倾斜，进一步提高农村公路覆盖范围、通达深度和服务水平，有序推进建制村公路改造提升，加强通村公路和村内道路连接。三是营造安全宜人的农村公路交通环境，打造平安农村路、美丽农村路，夯实农村公路交通安全基础，营造美丽宜人并具有文化氛围的农村交通出行环境。四是健全运转高效的农村公路治理体系，健全管理养护制度，进一步夯实县级人民政府农村公路管理养护主体责任，建立以各级公共财政投入为主、多渠道筹措为辅的农村公路养护资金保障机制，创新农村公路管理模式，加强农村公路路政管理等。五是完善适用多元的农村公路养护运行机制，推进农村公路养护市场化改革，设置多种形式的公益性岗位，创新多种养护模式等。六是发展便民多元的农村客运服务体系，加快建立农村客运政府购买服务制度，因地制宜推进农村客运结构调整和资源整合，加强农村客运运营安全管理，有条件地区灵活采用"城乡公交+镇村公交""城乡公交+班线客运公交化改造"等多种模式推动全域公交发展。七是发展畅通集约的农村物流服务体系，构建县、乡、村三级农村物流节点体系，补齐农村地区物流基础设施建设短板等。

2021 年 6 月，交通运输部颁布了《关于巩固拓展交通运输脱贫攻坚成果全面推进乡村振兴的实施意见》（简称《实施意见》）。围绕乡村振兴 20 字总要求，《实施意见》从建管养运和行业治理等五方面提出支撑保障乡村振兴战略实施的主要任务。包括：推动路网提档升级，支撑乡村产业兴旺；改善农村交通环境，服务乡村生态宜居；提升运输服务供给，助推乡村生活富裕；强化管理养护升级，提升高效治理能力；加强组织文化建设，助推乡风文明提升。

（二）农村交通基础设施建设进展与举措

2022 年，中国共产党第二十次全国代表大会召开。党的二十大报告中明确提出："从现在起，中国共产党的中心任务就是团结带领全国各族人民全面建成社会主义现代化强国、实现第二个百年奋斗目标，以中国式现代化全面推进中华民族伟大复兴。"交通运输是国民经济基础性、战略性、先导性行业，是支撑服务新发展格局的重要力量。党的二十大报告强调，加快建设交通强国。交通基础设施是建设中国式现代化的重要内容。截至 2022 年底，全国公路里程 535.48 万公里，公路密度达 55.78 公里/百平方公里，养护里程 535.03 万公里，占公路里程比重为 99.9%。年末全国四级及以上等级公路里程 516.25 万公里，占公路里程比重为 96.4%。其中，二级及以上等级公路里程 74.36 万公里，占公路里程比重为 13.9%；高速公路里程 17.73 万公里，国家高速公路里程 11.99 万公里。农村公路里程 453.14 万公里，其中县道里程 69.96 万公里、乡道里程 124.32 万公里、村道里程 258.86 万公里。有农村公路管理任务的县（市、区）农村公路"路长制"的覆盖率已达 98.7%，路长总人数 67.1 万人，累计开通客货邮融合线路 8000 多条。①

根据《交通强国建设纲要》《国家综合立体交通网规划纲要》《农村公路中长期发展纲要》《关于巩固拓展交通运输脱贫攻坚成果全面推进乡村振兴的实施意见》等要求，农村交通基础设施在未来一段时期内，需要转向服务乡村振兴战略，增强农村地区经济社会内生发展动力。当前的建设举措主要围绕三方面。一是统筹规划交通建设与农村产业发展。北京市房山区周口店镇创建 28 条"美丽乡村路"，结合各类生态、文化、历史资源，推动农村公路与农业、旅游业、生态产业等融合发展，形成了"公路+"多元发展模式，助推乡村振兴。二是改造升级交通路网建设。广西壮族自治区启动实施自然村（屯）道路通畅工程、自然村（屯）道路提升工程、乡村道路安全生命防护工程等"三项工程"，计划到 2025 年底，实现全区具备条件的自然村（屯）基本通硬化路，基本完成已硬化路面严重破损或宽度过窄的通自然村（屯）道路改造，基本完成乡村道路安全隐患治理，将达到等级公路标准的自然村（屯）道路全部纳入村道并进行管养。2023 年，宁夏

---

① 数据来自《2022 年交通运输行业发展统计公报》。

投资 14 亿元改造升级农村公路，打造更加便捷高效的农村公路网络，服务乡村振兴战略实施。三是建立完善农村公路建设养护资金筹措机制。浙江加快建立以县级公共财政为主，部、省、市支持为辅的资金筹措机制。一方面，提高省级对农村公路养护工程补助标准，省级燃油税替代原公路养路费部分用于农村公路养护工程的比例不低于 15%，在分配省交通运输发展专项资金时对山区 26 县（市、区）予以倾斜。另一方面，创新投融资机制，将农村公路发展纳入地方政府一般债券支持范围；鼓励各地通过企业或个人捐款，以及利用道路冠名权、沿线相关资源开发权等多种方式筹集社会资金用于农村公路建设；鼓励地方政府将农村公路建设和一定时期的养护进行捆绑招标，将农村公路与产业、园区、乡村旅游等经营性项目实行一体化开发。同时，为提升农村公路管养机制，浙江制定绩效管理办法和以奖代补资金使用办法，实行分级绩效管理，建立省对市、市对县分级绩效管理机制，把管养机构设置情况、资金投入情况、路况水平等列为考核主要内容。

第二节　农村交通基础设施政策的演变路径与历史逻辑

站在"两个一百年"奋斗目标的历史交会点上，中国农村交通基础设施发展举世瞩目，经过了从无到有、从小到大、从大向优的历史性转变。自 20 世纪初，中国的农村交通基础设施从驿道交通转向公路交通，至今不过百年时间。从中华民国时期开创公路交通，初步建立了一些制度，到新中国成立以来，国家整体实力不断上升，人民生活水平不断提高，城镇化建设加速推进，农村交通基础设施全面纳入国家建设管理政策体系，成为农村公共产品。2021 年 2 月，习近平总书记宣告，在迎来中国共产党成立 100 周年的重要时刻，我国脱贫攻坚战取得了全面胜利。农村地区交通基础设施是乡村振兴接续脱贫攻坚战略的重点。

一　交通建设政策范畴演进逻辑：生产力与经济关系的动态适应

生产力的发展决定着经济关系的基本演变方向，而经济关系对生产力同样具有反作用，两者存在动态演变的耦合关系。现代交通运输体系对改善贫困地区生产方式、生产关系以及生产力等发挥着基础支撑作用。表现在交通基础设施建设可以引发区域知识、技术、资本、市场、劳动力、商品、物流等的交流便利，是区域经济增长的最为关键的推动力量。

改革开放前，我国生产力布局来源于具有计划经济特色的苏联模式，以国防安全为主要目标，不以经济发展效率最大化为首要目标，也并没有完全按照区域比较优势原则进行产业布局。改革开放后，中央政府将经济发展部分自主权赋予地方政府，形成了激烈的地方竞争，特别是依靠大规模的基础设施建设推动经济增长。因此，在改革开放前，生产力与生产关系尚未形成良性互动，资源配置水平较低，农村生产活力尚未激发，当时农村交通基础设施政策还是以县乡道低水平发展为主。1981 年，十一届六中全会明确了我国社会主义初级阶段的主要矛盾是人民日益增长的物质文化需要同落后的社会生产之间的矛盾，国家开始建立以家庭承包经营为基础、统分结合的双层经营体制，放开农村集市与农产品价格，极大调动了农民生产积极性，资源配置更为高效，生产力的解放对交通覆盖的广度和深度提出更高要求，县乡路建设需求增加。

进入 21 世纪后，"三农"问题改革从生产领域向流通领域延伸。市场机制对促进农村生产要素流动和合理配置起到关键性作用，县乡路已经不再适应农村生产关系和生产力的发展。农村交通基础设施政策内涵发生本质性转变，从以县道为主，到村道纳入交通基础设施范畴。村道的大规模建设是农村交通基础设施纵深发展的必由之路。

新时代下，中央政府在推进全面建成小康社会目标实现过程中，农村地区交通基础设施仍然是实现农业现代化、农村市场化的重要短板。习近平总书记指出，"要把脱贫攻坚重点放在改善生产生活条件上，着重加强农田水利、交通通信等基础设施和技术培训、教育医疗等公共服务建设，特别是要解决好入村入户等'最后一公里'问题"。中央政府通过继续深化、细化农村地区交通基础设施政策的范畴，建设"通村路""通组路"弥补"三农"发展的基础设施短板，助推解决农村弱质问题，以基础设施先行的思路拓展

"三农"发展空间,实现农业现代化、农村市场化。这一历史进程中,最重要的是通过制度的改革,破除农村地区生产力发展的体制机制障碍,农业主体性地位提升,农村经济活力恢复,生产力与生产关系相互协调、相互促进催生了农村地区交通基础设施政策范畴的不断深化。

二 交通建设政策目标演进逻辑:二元结构向城乡融合发展演变

中国农村发展和二元结构之间的关联十分紧密。清末以来,近代中国经济的二元结构不断固化,特别是口岸城市与广大内地农村的对立。积弱积贫的内陆农村一直是中国现代化发展的最薄弱环节。新中国成立前,交通基础设施建设没有在贫困地区得到足够的重视和关注,其作为一种公共物品亟待政府提供,以作为经济发展的基础性条件。习近平总书记指出,"全面小康,覆盖的区域要全面,是城乡区域共同的小康。努力缩小城乡区域发展差距,是全面建成小康社会的一项重要任务……我们说的缩小城乡区域发展差距,不能仅仅看作是缩小国内生产总值总量和增长速度的差距,而应该是缩小居民收入水平、基础设施通达水平……等方面的差距"。乡村地区作为我国贫困程度较深的地区,城镇化发展滞后。受城乡关系发展的不断演进以及交通管理体制改革的影响,交通基础设施减贫政策目标从数量规模目标向质量效益综合目标演变,为打破城乡二元结构、促进地方经济发展打下基础。

20世纪50年代后期,计划经济主导下的"城乡二元体制",对城乡人口与生产、生活要素实施严格的流动限制,农村和城市各自有不同的发展定位。因此,以数量为单一目标的低水平县乡路通达率一直是中央政府和地方政府建设政策的重点。改革开放之后,国家按照市场化改革的内在要求以及农民改革意愿,开放农村价格市场,提高粮食收购价格,废除粮食统购统销制度,农业得以快速发展,城乡关系趋好,长期被压抑的农业生产潜力得以释放,农村商品生产和商品经济逐步恢复。农村市场化对交通基础设施的数量和质量提出更高要求,服务经济发展成为交通基础设施的核心目标。

1984年,党的十二届三中全会通过的《中共中央关于经济体制改革的决定》提出了加快以城市为重点的经济体制改革,城市集聚资源的能力显著增强，城镇经济部门一直保持较高的劳动生产率，城乡差距明显拉大。1997~2003 年，农民收入连续 7 年增长不到 4%，不及城镇居民收入增量的1/5，农民收入的相对下降和农业农村经济结构单一等一系列深层次矛盾凸显，1998 年在对抗金融危机冲击和经济全球化挑战背景下，基于农业的基础性地位，党的十五届三中全会提出小城镇建设，之后农村交通基础设施政策目标由通达率向通畅率转变，农村交通基础设施迎来大规模发展的历史阶段，推动量到质的根本性转变是适时和必要的。"十一五"至"十三五"时期是中国破解二元结构、推动城乡统筹的"乡村重塑期"，基于中国将长期保有相当数量的农民留在农村的现实国情，以习近平同志为核心的党中央提出，通过加强区域城乡交通运输一体化发展，增强交通公共服务能力，积极引导新生产消费流通方式和新业态新模式发展，扩大交通多样化有效供给。中央和地方加大对乡村建设的投入和开发，特别是"贫中之贫、困中之困"的集中连片特困地区。交通基础设施除了承担促进农业农村经济发展的职能之外，还承担了促进乡村社会、文化、生态发展等方面的职能，多元化的需求引致政策目标多元化变化，农村地区交通基础设施目标也逐步向效益和品质转变。

改革开放后交通管理体制作为影响交通规划和建设的最重要制度因素，改变了政企合一、中央指令性计划生产以及部门分割的特点，公路基本实现属地化管理，地方政府投资建设公路的主动权和积极性明显提高。地方政府根据区际联系和当地农村经济增长带来的运输需求，更加有针对性地建设交通基础设施，提高建设技术标准，扩大连接城镇的交通网络和农村内部间的运输通道建设，农村公路与高速公路、铁路的衔接，逐步从简单追求数量目标向高质量发展目标演变，农村地区与中心城市的交通联系更加紧密。

三　交通建设政策内容演进逻辑：从均衡—非均衡发展战略向协调发展演变

新中国成立前的经济布局极为不合理，现代交通和工业基本上集中在沿海地区，内地特别是西部地区经济落后。由于当时政治动荡、经济衰败，农村交通基础设施在原来驿道交通基础上发展极其缓慢，东西部之间差距较大。

1978 年之后，我国区域经济发展政策从之前的均衡发展转向非均衡发展，特别是在 20 世纪 90 年代经历了东部地区和中西部地区区域差距扩大的阶段，在坚持效率优先的制度安排下，发展政策侧重点倾向公平。"九五"计划时期，国家将坚持区域协调发展，逐步缩小地区发展差距作为这一时期社会和经济发展的一个重要方针，在中西部地区和老少边穷地区安排专项交通基础设施建设项目，引导资源向中西部地区流动。自 2000 年我国正式实施西部大开发重大战略决策以来，中央政府累计向西部地区投入基础设施建设资金达 2 万多亿元，西部地区基本建设投资总规模约 3 万亿元，其中较大部分资金用于提升交通基础设施。西部大开发战略实施推动区域协调发展，中央政府制定西部开发交通建设规划，农村公路建设步伐随着中西部地区经济增速的提高从东部地区向广袤的西部地区推进。

进入 21 世纪后，中央政府为实现区域经济协调均衡发展，不断细化区域政策，提出重大区域发展战略，逐步缩小区域发展差距。习近平总书记指出，"今后，区域政策的一个要点是统一国内大市场……打破地区封锁和利益藩篱，全面提高资源配置效率"。作为促进国内市场资源流动性的重要载体，农村交通基础设施政策内容也逐步由重点在东部地区发展、在沿海地区发展，服务政治军事所需，向西部地区延伸，向农村地区延伸，向服务经济社会发展、城乡公共服务均等化趋向转变。特别是相较于经济发达地区，交通政策对农村地区的促进作用意义更大。

农村发展问题促使农村地区交通基础设施政策内容不断深化。新中国成立以来，我国农村发展问题也出现了不同的阶段性特征，促使交通基础设施建设政策内容进行适应性调整。新中国成立后至改革开放前，中国农村发展政策以单一救济式扶贫为主，改革开放后，政府减贫工作重点逐渐向以改善贫困地区发展条件、提升贫困人口能力的区域性开发扶贫转变。1978 年，中国农村贫困人口 2.5 亿人，占农村总人口的 30.7%。为解决大范围的绝对贫困人口，20 世纪 80 年代政府推行"以工代赈"和对农村地区的重点扶持等减贫政策,扶贫公路开始深入贫困地区。从 90 年代开发式扶贫到进入 21 世纪后综合扶贫阶段,我国贫困人口也逐渐从面上分布转变为点块状分布,区域分布也呈现从扶贫开发重点县向更低层级的村级社区集中,因此,政府政策强调在推进村庄综合性发展的同时,将交通基础设施进一步延伸,特别是针对农村地区基础设施的短板弱项。交通基础设施建设政策内容的历史演变轨迹,反映的是我国经济社会发展过程中关键性问题的解决思路,在不同历史时期为中国的发展奠定基础,创造条件。

四 交通建设投资政策演进逻辑:投资方式、方向、结构的演进

农村交通基础设施具有强烈的公共产品属性,由于涉及建设成本、征地、拆迁等问题,资金是发展中最重要的约束条件。中国交通基础设施投资政策经历了以资金投资为主向多种方式转变,以财政投资为主向多元化投融资渠道转变,由投资方向单一、覆盖面窄向多层次、广覆盖转变的演变路径。

民国初期,由于军阀混战,全国行政尚未统一,在政治风险和经济政策不确定性约束下,虽有多种公路投资方式并存,比如地方政府出资或官商合办、绅商华侨集资等,但资金来源不稳定、没有统一的技术标准和工程人才,有些农村道路甚至仅限于纸上。如 1920 年江苏修建通榆公路,由各县政府负责,但最终大部分尚未成路。1927 年南京国民政府成立后,财政部向美国"复兴金融公司"借款 2000 万美元,其中一部分划拨全国经济委员会公路处作公路建设基金,逐步开创公路交通。但由于政治腐败、连年战争、民生凋敝,全国公路量少质差,农村道路发展迟滞。

新中国成立后,改革开放前,农村固定资产投资高度依赖政府财政投资,投入主要来源于财政拨款、农村集体资金积累和劳动积累,如 1951 年中央人民政府政务院颁布的民工建勤养路、修路政策。整体来讲,计划经济体制下,国家经济发展模式单一,税费制度不健全,财政政策的顺周期特征明显,加上当时中国从整体上排斥债务的体制特征,以及社会主义、资本主义两大阵营对立格局下的外部债务政治约束等,导致基础设施投资渠道

单一。

改革开放后至 20 世纪 80 年代末，农村交通基础设施除了依靠中央和地方财政投资渠道之外，还采用多种实物、人力投入的方式。如 1984 年采用粮棉布等物资以工代赈方式修建县至乡以及乡至农产品集散地的公路、驮运道，1987 年开展利用积压中低档工业品以工代赈方式修建扶贫公路等，有力促进了老少边穷地区交通基础设施建设。20 世纪 90 年代后，随着中国市场经济体制的建立和完善，计划经济时期财政投资比重过高的特征转变，交通基础设施建设资金来源更加丰富，除了稳定的中省投资之外，社会各界参与的多渠道投资新机制建立，比如专用单位投资、社会集资、银行贷款、海外华侨和港澳同胞捐资以及国际金融组织贷款等多种利用外资方式。

"十一五"之后，国家经济快速发展和人民生活水平提高，要求进一步提升农村公路建设质量，投资方向由过去单一向县乡路投资，覆盖面窄，向开始纳入村道，投资广覆盖转变。特别是进入新时代后，中央投资比重继续向中、西部地区倾斜，推进西部和农村地区乡（镇）、建制村通沥青（水泥）路工程建设，提高建制村通畅率。县一级地方政府也持续加大对农村公路发展的资金支持，投资结构包括地方政府债券、一般性财政资金以及成品油价税改革新增交通专项资金用于养护等，农村交通基础设施建设的资金来源渠道更广，覆盖面更宽。

第三节　本章研究结论与启示

中国农村交通基础设施不仅承载农业、农村、农民的未来，也承载着一个传统农业大国实现农业农村现代化转型的未来。农村地区作为中国发展问题的重要内容，在发展现代交通基础设施的百年历程中，体现了中国在积贫积弱的历史发展条件下，不断探索如何借助资本分配以促进经济发展的过程。历史证明，我们走不了"大推进"式超前发展基础设施的道路。事实同样证明，以直接生产部门的"瓶颈"压力刺激基础设施的发展模式也会造成城乡二元结构突出、区域发展不平衡、贫富差距拉大的不良结果。因此，在改革开放后，特别是进入 21 世纪，中央政府制定可行的长期发展规划，在"有效投资"和"适当超前"的发展思想下，将交通建设的投资重点放在农村地区，消除交通基础设施"瓶颈"制约生产要素潜力发挥的痼疾，使交通建设与直接生产活动协调发展，促使高速公路等高等级交通基础设施适当超前发展，激活农村地区生产要素，在"补短板、强基础"的方针下，交通发展逐步向高质量发展目标迈进，实现了历史性跨越。交通基础设施促进经济发展的作用机理，从历史上看，主要包括三方面。

第一，交通基础设施促进农村发展的激励机制。一是交通基础设施促进农产品市场化以推动农业经济增长的宏观激励机制。改革开放后，国家转变过去一直以国防公路为重点的政策导向，转向发展经济公路，农村交通基础设施在数量、质量和路网功能上得到提高，通达深度进一步提升，路网结构趋向合理，降低了农业生产过程中的生产成本和交易成本，促进了农村物流业发展和农产品的区域流通，激励、加速了农业现代化和农村经济市场化发展。二是改革开放后交通发展采取的以工代赈方式，是从微观机制上改善贫困地区农民福利水平的激励方式。中央政府反贫困战略从单纯补贴贫困地区交通基础设施建设的财政投入，转向扶持贫困地区生产环境和个人发展能力，围绕交通基础设施发展，在为贫困地区农户创造就业机会的同时，通过发放实物改善农户生计水平和提升地区灾害应对能力。

第二，交通基础设施促进农村发展的协调机制。一是交通基础设施促进东部发达地区与西部贫困地区的协调发展机制。西部大开发战略实施以来，中央政府累计向西部地区投入基础设施建设资金约 2 万亿元，大大增强了西部贫困地区的交通开放度，进而促进西部地区发展和脱贫。二是交通基础设施促进城乡统筹发展的协调机制。中国的二元社会结构具有很强的文化和制度刚性，但自新中国成立后，中央政府推进渐进式改革，逐步将农村地区，特别是在党的十八大以后将特殊贫困地区的交通基础设施建设强有力地纳入政策扶持和保障范围，明确坚持工业反哺农村、城市支持农村的发展导向，补齐农村交通基础设施建设"短板"，对城市导向发展战略进行了纠偏，特殊贫困地区的城乡二元结构得到很大改善。三是交通基础设施促进城乡共同富裕的协调发展机制。"十三五"期间，中央政府将交通基础设施的重点逐步转向提升区域内外部公路体系的网络化建设和等级建设，将特殊贫困地区纳入城乡发展的产业分工体系内，这将推动农村平均劳动生产率和专业分工水平的提高，增强农民内生发展能力，实现城乡共同富裕。

第三，交通基础设施促进农村发展的规范机制。交通基础设施建设重点由县乡路向村道转变，由等外公路向高等级公路转变的历史发展过程中，规范机制是中央政府和地方政府扩大农村经济增长效应的重要机制。一是在发展结构上，在开发式扶贫阶段，政府根据农村产业发展需要，将村道以立法的形式纳入农村交通基础设施范畴，以制度化和法治化的规范发展方式首次确定农村交通基础设施的发展结构，为交通减贫在投入公共财政、制定长期规划、完善监督体系等方面提供了强有力的制度供给，为欠发达农村地区发展提供了有力保障。二是在发展内容上，交通基础设施管理体制和相关法规逐步健全，投资方式上多渠道资本准入退出机制逐步完善，农村地区交通发展的长期规划以及综合交通运输方式衔接逐步融合。农村交通基础设施整体发展水平实现历史性跨越，缩小了城乡和东西部地区交通发展的二元结构差异，显著促进了农村经济快速发展。

2021年2月，习近平总书记在全国脱贫攻坚总结表彰大会上宣告，我国脱贫攻坚战取得全面胜利，区域性整体贫困得到解决，完成了消除绝对贫困的艰巨任务。精准扶贫策略在解决绝对贫困问题后，当代中国农村面临向乡村振兴发展，继而向全面现代化转变的重大历史转向。农村的全面发展，特别是农村地区在基本生计脱贫后，还面临可持续发展以及实现"三农"现代化的问题。不少人认为，经过40多年改革开放以及脱贫攻坚战的胜利，农村地区的交通基础设施已经相当发达，并认为中国未来经济增长在投资方向上应转向新型基础设施建设。但实际上，西部农村地区不论与东部地区相比，还是与区域内部城乡之间相比较，仍具有明显的二元经济结构差异，城镇和乡村交通基础设施建设还存在较大差距，交通基础设施在规模和结构上仍存在尚未解决的"短板"问题。

第三章

农村交通基础设施发展与经济增长

第一节 党的十八大以来农村地区经济增长趋势与特征

一 农村地区生产总值与产业结构的变化

（一）生产总值增长迅速，农业在经济中份额下降

伴随着中国经济总量的不断扩大和发展阶段转变，从 2012 年起，中国经济开始进入以"增速减缓、结构优化、动力多元、质量提升"为基本特征的新常态（魏后凯，2016）。1978～2020 年，我国农业国内生产总值（GDP）年均增长达 4.6%。从三次产业构成来看，第一产业增加值占国内生产总值比例从 1970 年的 34.8%，下降到 2022 年的 7.3%，第三产业增加值占国内生产总值的比例从 1970 年的 24.9% 增长为 2022 年的 52.8%。农林牧渔业总产值虽然从 2012 年的 86342 亿元增加至 2022 年的 156066 亿元，增长约 80.8%，但远低于服务业产值 151% 的增长速度。2012 年，第一产业对国内生产总值增长的拉动为 0.4 个百分点，2022 年下降为 0.3 个百分点，第三产业对国内生产总值增长的拉动从 2012 年的 3.5 个百分点增加为 2021 年的 4.6 个百分点。上述统计指标凸显出我国农业发展速度较快，但在经济总量中的份额逐渐下降。

从特殊贫困地区来看，党的十八大以来，集中连片特困地区由于贫困人口多、贫困程度深，区域性整体贫困问题突出，党中央、国务院加大政策倾斜和投入力度。2011年，我国连片特困地区生产总值26763亿元，占国内生产总值487940亿元的5.5%，占贫困地区生产总值的73%。2018年，连片特困地区生产总值为53480亿元，增长了50.0%，占国内生产总值5.8%，增加了0.3个百分点，占贫困地区生产总值76.9%，增加了3.9个百分点。2011~2018年，连片特困地区生产总值绝对值有了明显增长（见图3-1）。

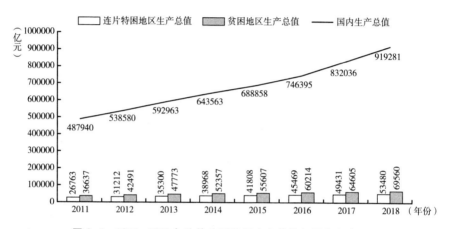

图3-1 2011~2018年连片特困地区生产总值与国内生产总值

资料来源：根据历年《中国农村贫困监测报告》计算绘得。

（二）二、三产业增加值增长较快，产业结构趋向优化

农村地区由于地理区位和资源禀赋条件的弱质特征，加之长期以来二元经济体制下城乡投入差异，导致资本及技术条件落后，工业发展一直难以支撑区域脱贫及贫困人口内生发展动力形成。因此，党的十八大以后，特别是在2015年前精准扶贫阶段，贫困地区广泛开展产业扶贫，努力拓展农民收入渠道，增加从非农产业活动中取得的收入，以分担农业生产风险带来的收入及消费波动，推动农村地区从农业发展阶段向工业化发展初期阶段过渡，农村地区工业化进程加速。2012年，第一产业对GDP贡献率为5.0%，2019年贡献率为3.9%，第三产业对GDP贡献率由45.0%增加至63.5%，

农业生产力的提高驱动农村产业结构转型已经形成趋势。特殊贫困地区由于生产相对落后，农产品市场化程度和竞争力相对较弱，产业结构转型具有一定代表性。从特殊贫困地区数据观察，如图 3-2 所示，2015 年前，第二产业增加值实现较快增长，2015 年后，脱贫攻坚时期，第二产业增加值虽然增长速度有所回落，但依然保持稳步增长的趋势。值得注意的是，"十三五"时期，第三产业增加值增长速度加快，2015 年后，第三产业增加值超过第二产业增加值。2011～2018 年，集中连片特困地区三产占比从 25.2∶41.5∶33.3 转变为 20.3∶37.4∶42.2，如图 4-3 所示。第三产业对集中连片特困地区生产总值的贡献加速提升，从侧面说明在前期精准扶贫工作中，连片特困地区在区域优势产业识别和发展壮大的过程中，扩大了市场容量，经济发展在工业经济增长的同时，实现了结构趋向优化的高质量发展路径。

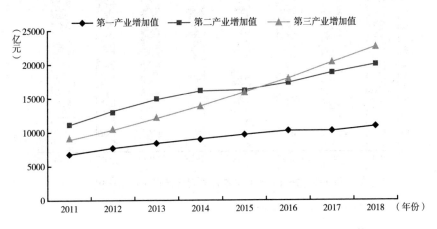

图 3-2　2011～2018 年连片特困地区一二三产业增加值趋势

资料来源：《中国农村贫困监测报告 2020》。

（三）一产占比下降，但仍是巩固脱贫成果和实现乡村振兴的基础和关键

尽管农村地区社会经济进入转型期，产业结构逐步调整，二产、三产产值稳步上升，第一产业产值占比下降已是经济常态，但第一产业增长仍是巩固脱贫成果和实现乡村振兴的基础和关键。因为农业生产目前依然是农村低收入人口的主要收入来源，农业收入占低收入农户收入 50% 以上，农业收

入低下也是贫困的重要成因之一。并且随着非农收入的增加，农村内部收入差距在逐步扩大，收入差距的增大，使低收入人口相对贫困状况有差距拉大的可能。从特殊贫困地区的数据来看，2011~2018年，集中连片特困地区第一产业增加值比上年增长平均速度为7.1%，保持了相对平稳的增长，第一产业增加值增长了61.0%（见图3-3）。考虑到农业收入依然是农民家庭收入的重要来源，依靠农业发展提高农民收入具有重要的现实意义。此外，农村地区特别是乡村振兴重点帮扶县大多地处偏远和生态环境脆弱区域，限制工业发展的总体规模，因此，发挥地区特色农业资源，做大、做强、做优农业产业仍然是巩固拓展脱贫攻坚成果的关键，也是乡村产业振兴的重要基础。

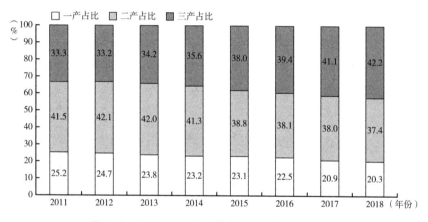

图3-3 2011~2018年连片特困地区产业结构比例

资料来源：《中国农村贫困监测报告2020》。

二 农村地区减贫规模与财政支出方向的变化

（一）全面消除绝对贫困，巩固拓展脱贫攻坚成果

2011年，14个集中连片特困地区农村贫困发生率29.0%，比全国农村贫困发生率高16.3个百分点；"十三五"初期，2016年14个集中连片特困地区农村贫困发生率下降到10.5%；2019年，贫困发生率降至1.5%。从贫困人口规模看，14个集中连片特困地区农村贫困人口2011年为6035万人，

2016 年下降至 2182 万人，2019 年下降至 313 万人，2020 年全部脱贫。2013~2020 年，集中连片特困地区累计减少农村贫困人口 5067 万人，年均减贫 633 万人；农村贫困发生率累计下降 24.4 个百分点，年均下降 3.1 个百分点。2013~2020 年，累计减贫规模在 600 万人以上的片区有 4 个，分别是滇桂黔石漠化区（685 万人）、秦巴山区（684 万人）、武陵山区（671 万人）、乌蒙山区（664 万人）；贫困发生率下降超过 30 个百分点的片区有 4 个，分别是四省涉藏州县①（38.6 个百分点）、西藏（35.2 个百分点）、南疆四地州（33.6 个百分点）和乌蒙山区（33.0 个百分点）。集中连片特困地区的区域性整体贫困问题得到解决。

（二）交通基础设施是财政资金主要支出方向

由于连片特困地区地方财政增收困难，财政收入占支出不到 20%，如图 3-4 所示，财政支出缺口较大，主要依靠中央和省级财政扶贫资金。近些年，中央政府加大对贫困地区扶贫资金支持，包括财政转移支付、专项扶贫资金、贴息贷款、退耕还林还草专项补助以及低保资金等，省级财政扶贫资金以及一些国际扶贫资金在不断增加。2017 年，我国县级扶贫资金 4419.5 亿元，比 2016 年增长 49.4%，主要用于易地扶贫搬迁（23.2%）、村通公路（12.2%）、农村中小学建设（8.1%）、农村危房改造（7.0%）、农业（6.7%）以及其他扶贫项目；贫困地区村级扶贫资金主要投向通村公路（22.3%）、危房改造（19.3%）和易地扶贫搬迁（18.2%）等。交通建设是贫困地区，特别是连片特困地区财政资金投入的重点领域。

三　农村地区收入增速与城乡收入差距的变化

（一）农村居民收入快速增长

随着经济发展和城镇化推进，农村居民收入逐步增长，收入结构逐步优化。2012 年，农村居民人均收入为 8389 元，十年后增加至 20133 元，增长

---

①　四省涉藏州县是指四川、云南、甘肃、青海等四省藏族与其他民族共同聚居的民族自治地方。

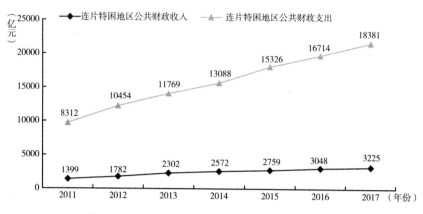

图3-4　2011~2017年连片特困地区公共财政收支

资料来源：根据历年《中国农村贫困监测报告》计算得到。

约140%，城镇居民人均收入由24127元增加至49283元，增长约104%，城镇居民收入增速一直低于农村居民收入增速。城乡收入差距一般会经历从扩大到缩小的倒"U"形转变。我国城乡居民收入差距在2009年后开始出现稳定下降的趋势，城乡居民收入比从2012年的2.88缩小至2022年的2.45（见图3-5和图3-6）。

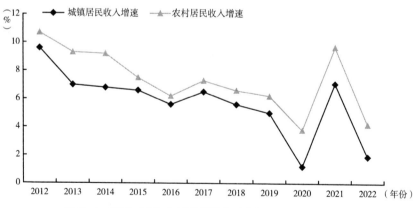

图3-5　2012~2022年城镇居民与农村居民收入增速情况

资料来源：根据国家统计局历年数据得到。

图 3-6　2012~2022 年城镇居民与农村居民收入比情况

资料来源：根据国家统计局历年数据得到。

2015 年 11 月 23 日，中共中央政治局审议通过《关于打赢脱贫攻坚战的决定》，连片特困地区成为打赢脱贫攻坚战的主战场，加大对连片特困地区投入和倾斜力度，贫困发生率显著下降，农村居民收入增长速度快于全国农村平均水平。2013 年，全国农村居民收入名义增速 12.4%，连片特困地区农村居民收入名义增速 15.4%，快于全国平均水平 3 个百分点。2013~2020 年，集中连片特困地区农村居民人均可支配收入年均名义增长 11.6%，扣除价格因素，实际年均增长 9.2%，比全国农村实际增速快 2.2 个百分点。2020 年，14 个集中连片特困地区农村居民人均可支配收入平均达到 12420 元，是全国农村平均收入水平的 72.5%。[①]

（二）相对收入差距缩小，绝对收入差距扩大

党的十八大以来，连片特困地区农村居民人均可支配收入不断增长。2018 年，14 个集中连片特困地区农村居民人均可支配收入增长至 10260 元，突破万元大关。2020 年，连片特困地区农村居民人均可支配收入是 2013 年的 2.1 倍。由于连片特困地区农村居民人均可支配收入增速明显快于全国农村居民平均水平，因此，按照全国农村居民人均可支配收入与连片特困地区

---

① 《人间奇迹》编写组编《人间奇迹 中国脱贫攻坚统计监测报告》，中国统计出版社，2021。

农村居民人均可支配收入之比计算的相对收入差距呈现不断缩小的趋势，从 2013 年的 1.6 逐步缩小至 2020 年的 1.4。但是，连片特困地区农村居民人均可支配收入与全国平均水平的绝对差距仍呈现不断扩大态势。2013 年，连片特困地区农村居民人均可支配收入与全国平均水平相比，绝对值低 3474 元，之后逐年扩大，2020 年，低于全国平均水平 4711 元，如表 3-1 所示。

表 3-1　2013~2020 年连片特困地区农村居民人均可支配收入与全国平均水平比较

单位：元

年份	全国农村居民人均可支配收入	连片特困地区农村居民人均可支配收入	绝对值差	收入比
2013	9430	5956	3474	1.6
2014	10489	6724	3765	1.6
2015	11422	7653	3769	1.5
2016	12363	8348	4015	1.5
2017	13432	9264	4168	1.4
2018	14617	10260	4357	1.4
2019	16021	11443	4578	1.4
2020	17131	12420	4711	1.4

资料来源：依据历年《中国农村贫困监测报告》和国家统计局数据绘制。

第二节　农村地区交通基础设施发展成效

一　农村地区交通基础设施建设两阶段政策与目标

（一）第一阶段：全面建成小康社会下的交通基础设施建设目标

交通基础设施作为实现减贫的基础性和先导条件，党中央、国务院在全国脱贫攻坚决策部署中加强对贫困地区的政策资金投入。交通运输部先后出台了《"十三五"交通扶贫规划》《支持深度贫困地区交通扶贫脱贫攻坚实施方案》《交通运输脱贫攻坚三年行动计划（2018~2020 年）》《打赢交通扶贫脱贫攻坚战 2019~2020 年实施方案》等，细化分解交通扶贫建设任务。

交通运输部在统筹全国贫困地区交通需求基础上，以集中连片特困地区为重点，加大对公路建设的投资力度，极大改善了连片特困地区交通运输条件。

根据交通运输部 2012 年发布的《集中连片特困地区交通建设扶贫规划纲要（2011~2020 年）》，集中连片特困地区交通扶贫基础设施建设的重点领域包括三方面。一是加强连片特困地区对外通道建设，建设重点是国家高速公路、国家区域规划确定的重点项目和普通国道建设，全面提高集中连片特困地区对外通道的运输能力。二是加强连片特困地区内部公路网络建设，建设重点以省道为主，打通省际县际断头路，完善区域内部路网，有重点地建设一批连接重要资源开发地与旅游景区、对经济发展有突出作用的公路，增强区域发展能力。三是加强农村公路建设，加快乡镇、建制村通沥青（水泥）路建设，同步建设必要的安全防护设施和中小桥梁，健全农村客运站场体系，提高农村公路服务质量、安全水平和防灾抗灾能力，并注重生态建设和环境保护。全面建成小康社会集中连片特困地区公路交通建设主要发展指标见表 3-2。

表 3-2　全面建成小康社会集中连片特困地区公路交通建设主要发展指标

单位：%

指标	2010 年目标	2015 年目标	2020 年目标
具备条件的县城通二级及以上公路比例	83.4	98	100
国道二级及以上公路比例	49.6	65	80
国道沥青（水泥）混凝土路面铺装率	54.5	70	85
具备条件的乡镇通沥青（水泥）路比例	95.4	100	100
具备条件的建制村通沥青（水泥）路比例	57.5	85	100

资料来源：《集中连片特困地区交通建设扶贫规划纲要（2011~2020 年）》。

（二）第二阶段：乡村振兴与交通强国建设的政策与目标

交通基础设施为打赢脱贫攻坚战做出了重要贡献。连片特困地区区域性整体贫困问题得到历史性解决，脱贫攻坚目标任务完成。但脱贫摘帽不是终点，而是新生活、新奋斗的起点，这些地区解决发展不平衡不充分的问题，以及缩小城乡发展差距、实现全体人民共同富裕的目标仍然任重道远。交通运输部在中共中央、国务院关于巩固拓展脱贫攻坚成果同乡村振兴有效衔接，以及全面推进乡村振兴加快农业农村现代化的部署要求下，提出了《关于巩固拓展交通运输脱贫攻坚成果全面推进乡村振兴的实施意见》，将交通基础设施服务乡村振兴战略作为建设交通强国的重点任务，对脱贫地区予以倾斜支持，在乡村振兴有效衔接期内进一步促进交通基础设施提档升级，加强与乡村产业融合，为乡村全面振兴做好"先行官"。在实施意见中，对农村地区交通基础设施能力、交通运输服务品质和高质量发展体系做出任务部署，具体如表 3-3 所示，到 2025 年基本健全农村交通管理体制机制，将农村公路管理机构运行经费及人员基本支出纳入财政预算，有效落实县乡级农村公路管理养护责任，实现脱贫攻坚与乡村振兴的工作机制、政策制度平稳过渡、有效衔接。

表 3-3 2025 年交通基础设施全面推进乡村振兴的目标任务

单位：%

要求	指标	2025 年目标
交通基础设施能力	乡镇通三级及以上公路比例	85
	较大人口规模自然村（组）通硬化路比例	85
	城乡交通运输一体化发展水平 AAAA 级以上区县比例	85
	农村公路优良中等路率	85
交通运输服务品质	具备条件的建制村通物流快递率	100
	2020 年底存量四、五类危桥改造率	100

2019 年 9 月，中共中央、国务院印发了《交通强国建设纲要》，在发展目标中提出了从 2021 年到 2035 年基本建成交通强国，到本世纪中叶，全面建成人民满意、保障有力、世界前列的交通强国。《交通强国建设纲要》中明确提出了要"强化西部地区补短板"，并"形成广覆盖的农村交通基础设施网，全面推进'四好农村路'建设，加快实施通村组硬化路建设，建立规范化可持续管护机制。促进交通建设与农村地区资源开发、产业发展有机

融合，加强特色农产品优势区与旅游资源富集区交通建设。大力推进革命老区、民族地区、边疆地区、贫困地区、垦区林区交通发展，实现以交通便利带动脱贫减贫，深度贫困地区交通建设项目尽量向进村入户倾斜"。推动农村交通高质量发展，加快推进农村交通现代化，城乡区域交通协调发展达到新高度，是乡村振兴和交通强国建设的根本要求。乡村振兴重点帮扶县虽在脱贫攻坚期内，交通基础设施发展实现了大跨越，但是在高速公路可达联网以及县乡道提高技术等级、通村组道路硬化、产业路旅游路建设等方面还存在不少短板弱项，交通基础设施仍然是推进乡村振兴的重要制约因素。

二　农村公路里程变化

交通基础设施在反贫困和缩小收入差距方面得到社会普遍认同。党的十八大后，习近平总书记先后三次批示农村公路建设，指出农村公路是广大农民致富奔小康、加快推进农业农村现代化的重要保障，并提出了"四好农村路"的建设目标。2020 年中央一号文件《关于抓好"三农"领域重点工作确保如期实现全面小康的意见》中，仍然把农村公路作为首要解决的"短板问题"。党的十八大以来，我国农村交通基础设施在快速发展的基础上，向更高水平迈进。农村交通基础设施的主要构成是农村公路，2011 年我国农村公路（县道、乡道、村道）里程由 356.4 万公里增加至 2020 年的 438.23 万公里，增长了 23.0%。县道增加 12.78 万公里，增长 24.0%；乡道增加 17.25 万公里，增长 16.2%；村道里程规模增加迅速，2020 年在 2011 年基础上，增长了 26.4%，增加了 51.8 万公里，达到 248.24 万公里①，如图 3-7 所示。

2012～2020 年，西北五省区农村公路里程平均增长 20%，西南五省（区、市）农村公路里程平均增长 35%。农村公路快速发展，为打赢脱贫攻坚战、服务乡村振兴战略、支撑农业农村现代化提供了坚实基础。六盘山区中，宁夏回族自治区农村公路建设速度最快，里程增加了 35%，南部的西海固地区交通面貌得到根本改善，位于六盘山片区核心位置的隆德县打通横

---

① 根据历年中国交通运输行业发展统计公报整理计算得到。

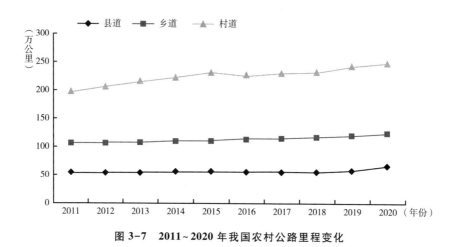

图 3-7　2011~2020 年我国农村公路里程变化

穿东西、纵贯南北的交通大通道，带动旅游和农业产业快速发展。其次是新疆维吾尔自治区，2012~2020 年，新疆农村公路建设增加 36208 公里，增长了 28%，其中有 5800 多公里的农村资源路、旅游路、特色产业路，以县城为中心、乡镇为节点、建制村为网点的全疆农村公路网络基本形成，并形成了 "农村公路+特色产业" "农村公路+旅游" 的交通扶贫模式（见图3-8）。

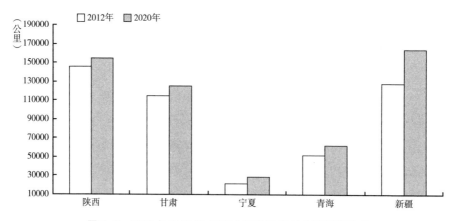

图 3-8　2012 年和 2020 年西北五省区农村公路里程变化

西南地区是我国多个少数民族的主要杂居区。武陵山片区境内有土家族、苗族、侗族、白族、回族和仡佬族等 9 个世居少数民族,滇桂黔石漠化区境内有壮族、苗族、布依族、瑶族、侗族等 14 个世居少数民族,滇西边境片区境内有彝族、傣族、白族、景颇族、傈僳族、拉祜族、佤族、纳西族、怒族、独龙族等 26 个世居少数民族,其中有 15 个云南独有的少数民族和 8 个人口较少的少数民族。贵州省地跨武陵山片区、乌蒙山区、滇桂黔石漠化区,作为全国唯一没有平原的省份,92% 的土地是山地和丘陵,61% 为喀斯特地貌,"连峰际天、飞鸟不通"是曾经交通闭塞的真实写照。2012 年开始,贵州以《国务院关于进一步促进贵州经济社会又好又快发展的若干意见》(国发〔2012〕2 号)文件为引领,制定了"高速公路建设三年会战""小康路行动计划""农村公路建设三年会战""农村'组组通'公路建设三年大决战"等一系列交通建设行动方案,为贵州经济增速连续多年保持全国前列提供有力支撑。云南省自党的十八大以来,农村公路里程增加69008 公里,增长了 37%,相较于新中国成立初期公路里程 2783 公里,增长了 91 倍。四川省在新中国成立初期仅有公路 8581 公里,其中还有一半公路不能通车,60% 的县不通汽车,到 2020 年,四川省全省公路里程 39 万公里,其中农村公路 35 万公里,位居全国第一。西藏自治区自党的十八大以来,农村公路里程增长 44%,"十三五"期间,全区打造建设具备旅游接待能力的乡村旅游点 300 多个、特色旅游小镇 26 个,开办家庭旅馆 2377 家,极大促进了交旅融合,带动西藏脱贫致富(见图 3-9)。

三 高速公路里程变化

农村公路是加强城乡经济联系和促进农村地区资源开发的重要交通基础设施,高速公路是农村地区对外沟通联系的重要保障。同时,农村地区也是我国对外交通通道不畅的重点薄弱地区,高速公路断头路较多,造成片区内部与中心城市群要素流动缓慢,是农村地区区位优势和资源优势得不到充分发挥的重要短板。党的十八大以后,农村地区加强高速公路建设成为交通基础设施投资的重点方向,西部地区高速公路建设得到历史性跨越发展。2015

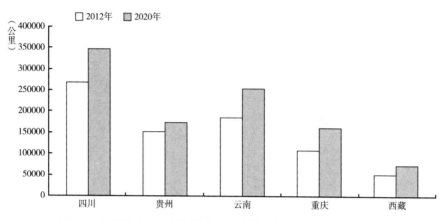

图 3-9　2012 年和 2020 年西南五省（区、市）农村公路里程变化

年，贵州高速公路通车里程增加到 5128 公里，全省 88 个县（市、区）、所有重点产业园区、重要旅游景区全部贯通高速公路，率先成为西部地区第一个实现"县县通高速"的省份。2020 年，四川省、云南省高速公路通车里程超过 8000 公里，四川实现"市市通高速"目标，云南 129 个县全部实现通高等级公路，如表 3-4 所示。

表 3-4　西南五省（区、市）高速公路里程及全国排位

西南五省（区、市）	2020 年高速公路里程（公里）	2020 年全国排位	2012 年全国排位
四川	8140	3	7
贵州	7607	5	20
云南	8406	2	18
重庆	3402	25	24
西藏	106	31	31

注：高速公路里程按技术等级标准计算，后同。

2020 年，西北五省区高速公路里程达 22195 公里（见表 3-5），其中，陕西省位列第一，新增高速公路里程主要集中在北部的六盘山片区辖县、吕梁山片区辖县及南部的秦巴山片区辖县，2020 年底陕西全省基本实现"县

县通高速"。① 新疆维吾尔自治区在 2018 年底实现所有地州市高速公路全覆盖，其中，S13 三莎高速公路总投资近 120 亿元，作为新疆目前投资规模最大的高速公路，南北纵贯南疆腹地叶尔羌河水系经济区，将喀什—叶城高速公路和阿克苏—喀什高速公路、麦盖提—喀什高速公路串联，形成南疆环状高速公路网，为南疆经济发展打通对外运输渠道。

表 3-5　西北五省区高速公路里程及全国排位

西北五省区	2020 年高速公路里程（公里）	2020 年全国排位	2012 年全国排位
新疆	5555	16	22
甘肃	5072	18	21
宁夏	1946	24	25
青海	3451	26	26
陕西	6171	13	10

四　公路技术等级变化

党的十八大以来，中央政府持续加大交通扶贫资金在农村公路技术升级等方面的投入。2012～2020 年安排贫困地区公路建设的车购税资金超过 1.46 万亿元，占同期全国公路建设车购税资金的 61.3%，带动全社会投入超过 5.13 万亿元，乡镇、建制村通硬化路补助标准提高到平均工程造价的 70% 以上。2016～2020 年，中央政府安排车购税资金 2746 亿元支持"三区三州"交通项目建设，其中农村公路资金 781 亿元。截至 2020 年底，西部 10 省份（陕西、宁夏、甘肃、青海、新疆、四川、贵州、云南、重庆、西藏）农村公路总里程为 154 万公里，占全国农村公路总里程的约 35%。其中，四川农村公路总里程 34.7 万公里，规模居全国第一，农村公路等级公

---

① "县县通高速"一般标准是"在一个中国的省级行政区范围内，所有的县级行政区的辖域内都有高速公路经过，并设有出入口"。"所有的县级行政区"包括县、自治县、县级市以及其他国家正式设立的县级行政区，包括旗、自治旗、林区、特区等。但部分省级行政区官方对于实现"县县通高速"的标准存在区别，如辖域内未设高速公路出入口、但辖域边界外较近处设有出入口的县级行政区也视为"县县通高速"。

路里程同样居全国之首。但要看到，西部地区除宁夏、甘肃之外，其余 8 个省份虽在农村公路总里程和等级公路总里程的绝对数量指标上占有优势，但在等级公路比例这一相对指标上凸显出短板（见表 3-6）。

表 3-6　2020 年西部地区主要省份农村公路等级全国排位

单位：%

地区	里程	等级公路里程	等级公路比例	地区	里程	等级公路里程	等级公路比例
陕西	15	14	24	四川	1	1	17
甘肃	18	18	16	贵州	11	12	27
宁夏	28	28	8	云南	3	4	23
青海	26	26	31	重庆	14	13	25
新疆	13	16	28	西藏	25	25	29

第三节　乡村振兴重点帮扶县交通基础设施的发展重点

2021 年 8 月，中共中央办公厅、国务院办公厅综合考虑西部 10 省区市人均地区生产总值、人均一般公共预算收入、农民人均可支配收入等指标，统筹考虑脱贫摘帽时序、返贫风险等因素，结合各地实际，确定了 160 个国家乡村振兴重点帮扶县，继续强化政策倾斜，加强监测评估。160 个乡村振兴重点帮扶县中，大部分是已脱贫的集中连片特困地区辖县。在取得巨大成就的同时，乡村振兴重点帮扶县在交通基础设施建设上仍存在较多短板，突出表现在交通基础设施的城乡差距和区域差距、高等级交通基础设施联网体系尚未完善、与农村产业融合程度亟待深化等方面。要实现乡村全面振兴和农业农村现代化，就要继续补短板、促融合、提质效。

一　持续推进高速公路建设

截至 2021 年 11 月，我国已宣布实现"县县通高速"的省级行政区主要集中在东部地区和中部地区，西部地区 10 个省级行政区仅有贵州省、宁夏回族自治区、陕西省这 3 个省份实现。西南地区的重庆市、云南省、四川省和西藏自治区，西北地区的甘肃省、青海省、新疆维吾尔自治区未实现"县县通高速"。截至 2021 年 11 月，六盘山片区中，甘肃省天水市的清水县、张家川回族自治县，平凉市的灵台县，庆阳市的华池县、镇原县，定西市的通渭县等未实现通高速；秦巴山片区中，重庆市的城口县、四川绵阳的北川羌族自治县、平武县未实现通高速；乌蒙山片区中，四川凉山彝族自治州的普格县、金阳县、昭觉县、美姑县、雷波县等均未实现通高速；滇西边境山区永德县、福贡县、贡山独龙族怒族自治县、西盟佤族自治县、巍山彝族回族自治县等均未实现通高速；西藏自治区的拉萨市、昌都地区、山南地区、日喀则地区、那曲地区、阿里地区和林芝地区下辖县均有不通高速的县，四省藏区中的四川阿坝藏族羌族自治州、甘孜藏族自治州，青海省的海北藏族自治州、黄南藏族自治州、海南藏族自治州、果洛藏族自治州、玉树藏族自治州下辖部分县均未通高速；南疆喀什地区的疏附县、塔什库尔干塔吉克自治县等均未通高速。除西部地区大部分省份高速通达未实现外，地处华南地区的广西壮族自治区位于滇桂黔石漠化区的部分县也未通高速。由于地形和人口等原因，高速公路建设在这些地区仍是短板，2020 年仅实现了国家高速公路主线基本贯通的目标。

二　优化提升农村公路等级

按照技术等级划分，农村公路主要分为三级、四级公路以及大量等外公路，脱贫攻坚全面胜利后，农村公路技术等级有明显提升，等外公路绝对存量减少，但部分省份等级公路比例仍然偏低。截至 2020 年底，西部 10 省区市中，农村公路等级公路比例低于 90% 的省份有新疆维吾尔自治区、青海省、西藏自治区以及贵州省，仍有大量农村简易公路，加之缺乏公路管理养护，道路损坏严重，这些等外公路主要分布在少数民族聚居区以及边境等相对偏远地区。其他西部省份虽然农村公路中的等级公路比例达到 90% 以上，但与全国其他省份相比，排名相对落后。例如四川省，农村公路里程和等级公路里程虽在全国排第一，但是等级公路比例仅排全国第 17 位，二级以上公路密度在全国排第 24 位；地跨乌蒙山区、滇桂黔石漠化区和滇西边境山区的云南省，农村公路里程全国排第 3 位，等级公路里程排全国第 4 位，但等级公路比例仅排第 23 位，二级以上公路密度排第 25 位。西部 10 省区市仅有宁夏回族自治区等级公路比例排名进入全国前十，但二级以上公路密度仅排第 17 位。可以看出，经过"十一五"农村公路建设大发展以及精准扶贫、脱贫攻坚的大力推进，农村地区农村公路规模得到大幅增加，表现为里程数量等绝对指标的快速增长，为农村公路通达深度提供了必要支撑。在乡村振兴期间内，农村公路技术等级提升是为乡村旅游、商贸物流、农业产业发展创造条件的基础，也是巩固拓展脱贫攻坚成果的关键工作。

三 促进路衍经济深度融合

在乡村振兴期内，国家乡村振兴重点帮扶县的交通基础设施应由过去单纯建设和相对滞后产业发展的模式，向引领带动产业发展，并通过产业收益反哺农村交通基础设施建设的方向转变。路衍经济是建立在公路交通点多、线长、面广的自然特征基础上，通过对沿路资源与公路本身附属资产的综合开发利用，实现对区域经济增长的拉动和辐射作用，是以"路"为核心的新经济业态。"十三五"交通扶贫规划中明确提出"交通+特色产业"的发展思路，在脱贫攻坚期内，农村地区重点建设了一批产业致富路、资源路、旅游路以及产业园区路等，强化了交通基础设施对贫困地区产业发展的支撑作用，但尚未充分发挥公路交通本身作为一个产业对经济增长的动力源的作用。路衍经济能够更加灵活、创新、开放地带动欠发达地区产业发展，但当前尚未做好路衍经济的顶层设计和系统布局，乡村振兴重点帮扶县需要统筹考虑国土规划、城镇规划、产业规划和交通规划的对接，以及不同交通运输方式与产业的适应性对接，以推动交通扶贫从保障支撑作用向引领先行作用转变。

第四节　本章研究结论与启示

党的十八大以来的十年，中国交通基础设施取得了"四个实现"。一是综合交通网络建设初步实现，国家高速公路、普通国道建设加速，县城基本实现了二级及以上公路覆盖，部分西部省份实现了"县县通高速"，还通了铁路、机场等，交通基础设施建设规模迅速扩大；二是"四好农村路"高质量发展初步实现，农村公路建设实现了跨越式发展，路网结构得以优化，建立了县乡农村公路管理体制，探索推广了建养一体化的建设养护模式，创新农村客运发展模式，整合交通、邮政、供销、电商等资源，推进了农村地区物流发展；三是基本实现了"出行便利"，全国具备条件的乡镇和建制村实现了100%通硬化路，具备条件的乡镇和建制村实现了100%通客车，城乡道路客运一体化发展水平持续提升，以县城为中心、乡镇为节点、建制村为网点的交通网络初步形成，乡村之间、城乡之间连接更加紧密，6亿农民"出门水泥路，抬脚上客车"的梦想变成了现实；四是初步实现了"交通+产业"的发展新模式，农村地区在"十三五"期间重点新改建资源路、园区路、旅游路和产业路，各地结合区域禀赋资源探索出了"交通+文化+旅游""交通+特色农业+电商"等多种路衍经济发展模式，为推动农村地区交通发展，促进区域经济增长和农民增收致富提供了强大支撑。

在取得巨大成就的同时，农村交通基础设施建设上仍存在较多短板。突出表现在交通基础设施的城乡差距和东西部地区之间的区域差距，特别是公路交通的技术等级水平较低，以高速公路为代表的高等级交通基础设施联网体系尚未完善、交通与农村产业发展的关系较为被动等问题，要巩固拓展脱贫攻坚成果，并向乡村振兴全面迈进需要继续补短板、促融合、提质效。

第四章

交通基础设施建设对农业经济的影响

交通基础设施与农民生产生活息息相关，是实施乡村振兴战略、推动农民脱贫致富和加快农业农村现代化的重要保障。习近平总书记对农村交通基础设施高度重视，2014 年提出"四好农村路"，党的十八大以来多次就"四好农村路"建设做出重要批示，要求把农村公路建好、管好、护好、运营好，为广大农民致富奔小康加快推进农业农村现代化提供更好保障。党的十八大以来，截至 2020 年全面建成小康社会，全国新改建农村公路 235.7 万公里，农村公路总里程达到 438 万公里，占我国公路总里程的 84.3%，并实现了具备条件的乡镇和建制村全部通硬化路、通客车，惠及 5 亿多农民。在中央政府和地方政府的强力推动下，近年来我国交通基础设施快速发展不仅直接改变了农村地区交通落后面貌，还有效带动农村特色农业规模化、产业化、现代化发展，农民群众脱贫致富"自生能力"增强。

在推动交通基础设施高质量建设的同时，需要在供给侧结构性改革的背景下，瞄准服务乡村振兴战略、实现农业农村现代化目标。由此引出需要关注的问题：在大力推动交通基础设施建设的同时，如何客观分析已建成路网存量对农业经济发展的影响，更进一步，交通基础设施对农村地区农业经济发展影响如何？未来，农村交通基础设施如何建设以更好地服务农业经济发展、推动乡村振兴？本章拟聚焦农村交通基础设施对农村地区农业经济发展的影响，以完善政策机制，有效提升交通基础设施促进经济发展的积极作用。

第一节 文献回顾

交通基础设施是我国广大农村地区重要的生产条件，与农民生产生活紧密相连。交通基础设施发展的意义不仅在于简单地提供基础设施供给，而是要通过道路的连通，打破自给自足的封闭经济，加强对农业、农户发展的推动作用。然而，现有文献针对农村交通这一特定主体研究并不充分，与本章主题相关的已有研究大体分为两类。

一类研究以基础设施作为核心解释变量，包括交通基础设施、水利基础设施、能源基础设施、环境基础设施等，交通基础设施只是其中一个变量。这样较为宏观的研究中，对交通基础设施的界定也比较宽泛，主要基于公路交通大范畴，包括高速公路、干线公路以及农村公路。这一类研究视角主要评价农村基础设施对 GDP、农业生产率、农业总产值或者农业全要素生产率等指标的影响，如高颖等（2006）、张士云等（2010）、王敏等（2011）、芮海田等（2012）、吴清华等（2015）、李谷成（2015）等学者的研究。研究结果中，就公路基础设施而言，不论是从存量角度还是投资性的流量角度，均促进了农业生产率的提高，带动了农业总产出的增加，即公路发展对农业经济增长有积极影响。从区域经济视角来看，张学良（2012）通过中国省级面板数据和空间计量经济学的研究方法，认为交通基础设施对区域经济增长有重要作用，但是空间溢出效应正负有差异。刘生龙等（2010a，2010b）认为交通基础设施对中国的经济增长有着显著的正向促进作用，不同的地理位置和交通基础设施条件在我国区域经济发展差距中扮演了重要的角色，交通基础设施对于促进西部地区的经济增长与向中东部地区趋同发挥重要作用。曹跃群等（2019）认为基础设施整体上显著促进区域经济增长，且存在倒"U"形影响，西部地区基础设施产出弹性最高。

另一类研究与本章研究对象相似，主要以农村道路作为核心解释变量，考察其对区域经济贡献、农业现代化或者农民收入的影响。其中，Fan 等（2005）利用中国分省数据，研究结果显示农业人均 GDP 与道路密度正相关。李丽等（2008）从农业现代化的角度出发，对农村道路影响农业现代化的途径以及对农业现代化的制约作用进行分析。丁建军（2014）在综合比较 11 个集中连片特困区后认为，反映经济发展水平和区域自我发展能力的指标上较为相似，但是在建制村硬化公路通达率等社会公共服务指标上存在显著差异。夏明学等（2015）基于中部某省农村公路面板数据，对该省不同经济区域农村公路建设对 GDP 增长贡献度做实证研究，认为农村公路对区域经济有明显正向贡献作用，但在不同区域，按行政等级划分的不同农村公路贡献度存在明显差异。周春平（2017）基于江苏省县域面板数据的回归分析，研究农村公路对农民收入的影响，在研究过程中解释变量依据农村公路技术等级划分，即等级公路与等外公路。罗斯炫等（2018）将省际三、四级公路基础设施密度作为核心解释变量，研究认为公路基础设施建设对农业增长具有空间溢出效应，且在短期内显著，但在长期内并不显著。张亦然（2021）基于中国家庭追踪调查（CFPS）微观数据库，检验得到农户"通公路"这一交通基础设施变量改善对农村居民家庭收入的积极影响。

现有研究的不足有以下几个方面：一是从研究对象上，研究交通基础设施与农业经济增长关系的文献较少，尤其是与农村地区相结合、以县域为视角的研究，这可能与农村公路发展水平低、数据获取难度高以及作为交通投资的末端等原因有关；二是从研究内容上，缺乏农村公路细分结构对农业经济发展影响的深入研究。自从"十五"以来，中国农村公路交通基础设施实现了跨越式发展，成为推动中国经济增长奇迹的重要加速器。有必要在全面建成小康社会，进入乡村振兴战略实施期之际，反观我国在农村地区投入巨大的交通基础设施对经济增长的影响，是否需要继续推动交通基础设施增加？如果需要继续增加，面对庞大体系的交通基础设施层次结构，政府的政策重点应放在哪里？

本章将基于县一级数据，从交通基础设施对农业经济增长影响的视角出发，深入剖析农村公路交通结构，研究交通基础设施规模与结构因素服务农业经济增长的关键因素。通过对现有研究提供进一步补充，为农村交通基础设施巩固拓展脱贫攻坚成果、服务乡村振兴提供决策依据。本章将从以下几个方面丰富和深化已有研究，并将内容安排如下。

第二节，根据交通基础设施对农业经济增长的影响路径，提出假说推演；第三节，提出具体的研究设计，包括数据、变量、模型和方法的选择；第四节，对实证研究结果深入剖析，研究交通基础设施规模和结构在农村地区对农业经济增长的影响；第五节，验证假说、归纳主要结论和启示。

第二节　理论分析与假说推演

一　农业经济增长的影响因素分析

影响农业经济增长的变量一般主要包括土地、劳动、资本、技术和制度。分析农业经济增长的影响因素逻辑出发点，应该根据农业发展阶段渐次出现的影响因素进行分析。农业生产中，最早影响增长的因素是土地和劳动力，当农业生产发展到一定阶段，农业技术和对资本的要求开始在农业经济增长中越来越重要。土地、劳动、资本和技术是农业发展需要的基本条件。

（一）土地对农业经济增长的影响

如威廉·配第所讲，"土地是财富之母，劳动是财富之父"。孔祥智等（2019）认为，随着经济社会发展，土地的经济特性日益明显，集中体现在土地供给稀缺性、利用方式相对分散性、利用方向变更相对困难性、土地报酬递减可能性和利用后果社会性等方面。土地是农业发展的重要影响因素，作为本研究的重要控制变量，考虑到农业总产值包括粮食和经济作物产值，土地投入和产出衡量对象须一致的原则，土地使用农作物耕种面积统计数据，反映的是粮食和经济作物产值，而不选取粮食种植面积作为具体变量。

（二）劳动对农业经济增长的影响

中国外出就业农民工数量从 1983 年的约 200 万人增加到 2009 年约 1.45 亿人。2008 年全球金融危机后，引发了较大规模农民工返乡潮，加之近几年中西部地区经济增长速度相对较快，以及我国已经进入长期低生育水平阶段，农业劳动力供给面临更加复杂的就业局面。从供给角度看，农业劳动力影响因素主要是转移成本和受教育程度。由于劳动力是农业经济增长的决定因素之一，同时，杜江等（2010）通过对1997~2007年31个省区市的面板数据模型的分析，认为劳动力教育投入是农业经济增长的重要影响因素。因此，本章从劳动力的概念模型中选取农业劳动力数量和中学教育投入作为具体的数量指标，用作农业经济增长的劳动维度的控制变量。

（三）技术对农业经济增长的影响

技术进步可以推动生产函数向更高生产率水平变动。技术进步和创新是农业经济增长的原动力，我国"七五"期间农业技术进步对农业经济增长的贡献率在32%~33%区间，其中，农业技术的一项重要测量指标就是肥料投入。随着农业生产中机械化技术的进步，机械化水平与农业经济增长的关系成为学界研究的关注点，通过对农业技术进步与农业经济增长关系的实证研究，结果显示农业机械化和农业经济增长的正效应关系，农机总动力常常用来代表农业机械化水平。因此，本章农业生产技术维度指标选取化肥施用量和农机总动力作为技术维度的控制变量。

（四）制度对农业经济增长的影响

制度经济学认为，制度的主要目的是为经济发展服务，制度的创新在没有增加要素投入的情况下，也可以推动经济增长。产权制度和财税制度是农业经济增长中重要的制度因素。在中国农村经济制度变迁和农业经济增长的研究中，根据农业经济增长的不同阶段，制度因素研究主要跨越了较长时间序列，如乔榛等（2006）对1978~2004年五个阶段中国农村经济制度变迁的研究，以及黄少安等（2005）对1949~1978年中国不同土地产权制度下，农业经济增长的影响研究。制度主要在较长时期内发挥作用，由于本章选取数据以"十二五"时期为主，时间较短，制度相对稳定，并且不是本章研究的主要问题，因此在控制变量中将制度因素"黑箱化"。

（五）物质资本对农业经济增长的影响

在影响农业经济增长的变量中，物质资本尤为重要。物质资本层面的贫困治理研究，主要集中在基础设施减缓贫困方面。尤其是在我国西部贫困山区，基础设施数量和质量较为欠缺，这是造成贫困的核心原因。其中，交通基础设施的减贫作用十分明显，对于减少农村贫困、促进地区经济增长、缩小地区不平等、增加市场可达性、弥补区位条件不足、扩大市场、减少运输成本、增加非农就业机会等具有重要作用。我国贫困地区农业经济通常处于农业经济发展初期阶段，运输条件落后引起的外生交易成本增加，是制约农业经济发展的最主要因素。以农村公路为首要代表的农村交通基础设施，是贫困地区重要的农业经济增长基本因素，与农业经济发展紧密相连。因此，从物质资本的维度出发，选择公路交通基础设施作为农村地区具有代表性的交通基础设施变量，是本章研究的核心解释变量。

二 假说推演

（一）公路规模影响农业经济增长的假说

规模经济理论中，有"内部规模经济"和"外部规模经济"两种途径。当总规模与地区发展条件和环境承受力相适应时，会通过企业之间的紧密协作，实现生产效率提高、产品成本下降和效益增加，这是"外部规模经济"；通过规模扩大降低单位产品成本从而提高效益是"内部规模经济"。农村公路作为一种公共产品，具有明显规模经济的属性，本质上是网络效应的产生。随着农村公路通行能力的提升，其服务经济、社会的能力不断提高。贫困地区农村公路建设初期，由于规模较小、路网密度不高，规模经济效益不能凸显，只有建设规模达到一定数量并形成较好的农村公路网络，与国省干线公路、高速公路实现良好互联互通，快捷便利的运输效应才会突出，经济效益才能增加。规模经济报酬会随着生产规模的扩大，出现规模报酬递增、规模报酬不变和规模报酬递减三个阶段，也就是说，规模报酬递增只是存在于一定的范围内。由于农村地区交通基础设施发展相对落后，可能仍然对农业经济增长有显著的正效应，因此本节拟提出以下假说。

H1：公路路网规模增加对农业经济增长具有正向效应。

（二）公路结构影响农业经济增长的假说

随着基础设施与经济增长研究的深入，学界认为不同基础设施对经济增长的作用程度存在差异性，尤其是交通基础设施，路网布局与结构分类紧密相关。因此，研究农村公路与农业经济增长两者关系时，要先对不同的农村公路类型，或者说是结构仔细加以区分。按照行政等级划分，农村公路包括县乡道路和村道；按照技术等级划分，公路包括一级路、二级路、三级路、四级路和等外公路，农村公路普遍为二级路及以下等级。"十一五"以来，我国在农村公路上大力投入建设，基础设施不足的局面有了较大改善，因此，在农村公路大规模投入带来农业经济总量增长的总体效应时，还要充分认识到基础设施的结构差异效应，即不同类型的农村公路对农业经济增长的带动效应，这样才能在农村公路投入资金有限的情况下，加大带动效应明显的农村公路投入，寻求与经济发展相适应的农村公路类型，提高投入产出效率，推动贫困地区农业经济增长。因此，本节提出以下假说。

H2：不同等级农村公路对农业经济增长的影响存在差异。

第三节　研究设计

一　变量选取与来源

交通基础设施作为以政府投资建设为主体的公共产品，特别是在农村地区，投资的重点和方向受地方财政、地区发展水平影响较大。基于政策稳定视角考虑，本章选取一个省作为研究样本进行纵深剖析。陕西作为西部地区的重要省份，截至 2016 年，下辖 24 个市辖区、3 个县级市和 80 个县，这107 个县（市、区）中有 52 个山区县，包括秦巴山区 29 个，六盘山区 7 个，吕梁山区 7 个。此外，由于市辖区、县级市和普通县的管理机制、财权不同，其在某种程度上已经和城市经济特征比较接近，农村公路承担的经济职能比较复杂，为更好地聚焦农村公路在县域农业经济中的影响研究，故剔除市辖区、县级市的干扰，本研究选取陕西 41 个山区县的面板数据进行分析。

（一）被解释变量与核心解释变量

农业生产总值作为被解释变量测量各县农业经济增长水平，可采用其取对数值作为变量，该样本数据来源于各县年度国民经济和社会发展统计公报。核心解释变量包括公路综合密度和农村公路行政等级结构。冯宗宪等（1994）对中国贫困地区交通经济进行了综合评价研究，考虑到区域经济发展的空间和人口状态等因素，设计了综合路网密度等评价指标。综合路网密度取决人均路网密度、单位国土面积路网密度和单位经济产出路网密度三者的平均数，公式如下：

$$SD = \sqrt[3]{\frac{L^3}{S \cdot P \cdot Q}} = \frac{L}{\sqrt[3]{SPQ}}\ (km)^3$$

SD 为综合路网密度，L/P 为每万人口路网密度，L/S 为每平方公里路网密度，L/Q 为每亿元经济产出路网密度，L 为各种运输线路长度的加权和。考虑到农村地区的人口和行政区域面积的不同，以及本节内容的研究主题，因此在借鉴冯宗宪等提出的综合路网密度指标公式基础上，提出本节农村公路综合密度指标计算公式，如下：

$$SD = \sqrt[2]{\frac{L^2}{S \cdot P}} = \frac{L}{\sqrt[2]{SP}}\ (km)^2$$

SD 为公路综合密度，L/P 为每万人口路网密度，L/S 为每平方公里路网密度，L 为国道、省道、农村公路（县道、乡道、村道）加总里程。

农村公路行政等级包含县道、乡道、村道三个细分等级，样本数据通过《陕西省交通运输统计年鉴》以及《陕西省统计年鉴》计算得到。需要说明的是，由于各县国道、省道、农村公路里程在各县统计公报中缺失值较多，仅有《陕西省交通运输统计年鉴（2016）》专门就各县在 2011～2015 年交通基础设施里程公开详细数据。因此，本节核心解释变量的数据时期仅能追踪到"十二五"期间。由于贫困地区交通基础设施的快速发展主要从"十五"时期开始，因此经过十年的快速建设，"十二五"时期的数据也能在一定程度上传递出与区域经济发展水平之间的关系信号。

（二）控制变量

已有文献中，关于农业经济增长的影响因素为教育、劳动力、农业生产技术、耕地面积等，本节选择的控制变量包括：教育（所）是指各县普通中学个数；农业劳动力（万人），以乡村劳动力资源总数为指标，对其取对数；化肥施用量（吨），按折纯量计算合计，主要是指把氮肥、磷肥、钾肥分别按含氮、五氧化二磷、氧化钾的百分之百成分进行折算后的数量；农业机械水平（千瓦），取对数值，主要指农、林牧渔业的各种动力机械的动力总和；耕地面积（公顷），取对数值，指耕地总资源中专门种植农作物并经常进行耕种、能够正常收获的土地。数据来源于《陕西省统计年鉴》和各县统计年报。

二 主要变量描述性分析

本节做计量分析的变量是县级层面的数据，包括秦巴山区、六盘山区和吕梁山区三个地区，共计 41 个县。具体的县见表 4-1。时间跨度为 2011~2015 年。之所以采用这个时间跨度，主要原因是核心解释变量交通基础设施，包括国道、省道、县道、乡道、村道的详细里程数据，在公开的关于农村地区的县级数据中，仅能找到 2016 年《陕西交通运输统计年鉴》中，针对"十二五"时期关于县一级的专题数据。在有限样本的约束条件下，本节尽量选取没有缺失且能反映交通基础设施建设发展存量的数据样本。

表 4-1　秦巴山区、吕梁山区、六盘山区部分涉及县

地区	县名
秦巴山区（27 个）	周至县、太白县、南郑县、城固县、洋县、西乡县、勉县、宁强县、略阳县、镇巴县、留坝县、佛坪县、汉阴县、石泉县、宁陕县、紫阳县、岚皋县、平利县、镇坪县、旬阳县、白河县、洛南县、丹凤县、商南县、山阳县、镇安县、柞水县
吕梁山区（7 个）	扶风县、陇县、千阳县、麟游县、永寿县、长武县、淳化县
六盘山区（7 个）	横山县、绥德县、米脂县、佳县、吴堡县、清涧县、子洲县

样本中的山区县土地面积和人口数量差异较大。人口数量最少的县是汉中市佛坪县，位于秦巴山区腹地，2011 年农业劳动力数量为 3 万人。人口数量最多的是西安市周至县，位于秦巴山区北麓，2011 年农业劳动力数量约为 57 万人。土地面积最小的县是吕梁山区的吴堡县，2011 年土地面积约 420 平方公里，土地面积最大的县是吕梁山区的横山县，2011 年土地面积约 4084 平方公里。从样本中各项指标可以看到，虽然同为山区，区域内部的差异也比较明显。特别是人口数量和土地面积的差异较大，这就直接影响了如何科学评价分析公路交通基础设施密度等指标。基于选择的样本主要处在自然环境脆弱、山地面积广大以及人口分布不均的条件下，对交通基础设施指标的测度不应仅从空间土地面积或者人口数量的单一角度考虑。交通基础设施的分布与自然地理条件和经济状态有直接相关性，人口分布与区域生产力水平也存在相关关系。因此，本节对交通基础设施选取指标综合考虑人口和土地面积两方面因素，以对各县区建立横向可比性。同时，为避免异方差影响对各变量均取自然对数（见表4-2）。

表 4-2　各变量统计数值

变量	观测数	平均值	标准差	最小值	最大值
实际农业生产总值(亿元)	205	11.75737	7.327307	0.88	42.77
农村居民纯收入(元)	205	6970.244	1268.664	4580	11148
公路综合密度	205	8.007652	1.95133	4.685668	12.6755
县道(公里)	205	192.0878	83.72453	38	368
乡道(公里)	205	278.4305	142.0172	80.595	619.968
村道(公里)	205	1067.353	579.5489	217.065	3280.693
教育水平(所)	205	8.785366	6.264026	2	36
农业劳动力数量(万人)	205	16.73024	7.958248	3.56	34.65
农业机械总动力(千瓦)	205	153688.7	91883.46	18260	479107
化肥施用量(吨)	205	13489.44	12417.65	345	54736
耕地面积(公顷)	205	21872.88	11755.89	1800	60855

三 模型设定与选择

（一）实证模型设定

20 世纪 70 年代之后，经济学家们越来越多地发现基础设施对经济增长的贡献。因此，80 年代后，特别是在世界银行的推动下，在新增长理论中经济学针对发展中国家的基础设施与经济增长的关系进行研究。在卢卡斯等人的研究中，提高生产率的影响因素不仅在于人力资本投入，还包括基础设施投资。Arrow 和 Kurz（1970）、Aschauer（1989）、Barro（1991）等将基础设施从资本总投资中单独分离，估计对经济增长的影响。Arrow 和 Kurz（1970）最先把公共资本存量纳入宏观经济生产函数，函数形式为：

$$Y(t) = F(K(t), G(t), L(t)el^t)$$

$K(t)$ 代表私人资本存量，$G(t)$ 代表公共基础设施资本存量，l 代表劳动力的技术进步率。我国学者范九利与白暴力等（2004）在此基础上，利用柯布—道格拉斯生产函数方法，将我国基础设施资本存量在模型中单独分离，估计基础设施资本存量的产出弹性。总产出的生产函数为：

$$Y = A \cdot F(L, K, H, G)$$

Y 是国民经济真实产出 GDP，L 为劳动存量，K 为资本存量，H 为人力资本，G 为基础设施资本，包括交通运输业、邮电通信业等五部门资本存量总和。A 是生产率或希克斯技术中性变化，表示技术水平。假定生产函数是柯布—道格拉斯生产函数，则有：

$$Y = AL^\alpha K^\beta H^\gamma G^\theta$$

α、β、γ、θ 分别是劳动、非基础设施资本、人力资本以及基础设施资本的产出弹性。两边取对数就可以利用回归的方法估计出常数 α 和基础设施资本的产出弹性 θ。

$$\ln Y = \ln A + \alpha \ln L + \beta \ln K + \gamma \ln H + \theta \ln G$$

基础设施资本对经济增长影响的多数研究方法使用的是生产函数法。基础设施生产函数的适用范围比较广泛，除了可以度量不同基础设施资本投入的产出效率之外，还可以拓展到区域之间基础设施水平和效率的比较研究。首先，不同基础设施的构成和种类不同，对经济增长的影响程度不同，这种基础设施产出弹性的差异随本身隶属资本系统内在特征的不同而变化，可以通过研究代表性变量寻找差异的原因。其次，基础设施生产函数的常数项和产出有着相同的维度，产出弹性也是无量纲的，不会受到基础设施资本投入价格水平的不同及其变化率变动的影响。基础设施生产函数作为一个经验模型，为研究区域交通基础设施的特点及其对产出的影响提供了有效的经验模型框架。

基于以上认识，本节采用交通基础设施生产函数的柯布—道格拉斯形式，即：

$$Y_{it} = AK_{it}^{\alpha}Z_{it}^{\beta}\varepsilon_{it}$$

其中，Y 为农业经济产出，K 为交通基础设施资本存量，Z 为其他一系列影响农业经济产出的经济社会变量，如农业技术、劳动力数量、人力资本等，ε 为随机误差项，i 代表各观测单元，本节主要指各个山区县，t 代表观测时间。地区农业生产总值是评价区域农业发展水平的重要指标。研究交通基础设施规模与结构两个维度对农业经济增长的影响，公路规模传统研究指标一般包括公路里程以及公路综合密度，公路综合密度考虑到行政区域面积与人口因素，相比公路里程，更能体现道路运输业营运效率。因此，本节选择公路综合密度和农村公路行政等级结构两个指标作为核心解释变量。

根据以上面板数据模型为：

$$\log Y_{it} = \alpha + \beta_1\log M_{it} + \beta_2\log N_{it} + \beta_3\log X_{it} + \lambda_t + \mu_i + \varepsilon_{it}$$

其中，i 表示第 i 个县，t 表示第 t 个年份，β_1 和 β_2 为核心解释变量公路综合密度和农村公路行政等级结构的参数，β_3 为控制变量估计参数，λ_t、μ_i 和 ε_{it} 分别表示时间效应、个体效应和随机扰动项。

（二）模型形式选择

面板数据相较横截面数据和时间序列数据，能够同时反映变量在时间维度和截面维度上的变化特征及规律。面板数据在扩大样本容量的前提下，可以有效减少变量间的多重共线性，通过增加自由度提高参数估计有效性，被广泛应用于研究经济增长等经济问题中。单方程面板数据模型一般包括三种类型——变截距模型、变系数模型和一般模型。一般模型不能反映个体差异和结构变化。变截距模型用来测度模型中被忽略的反映个体差异的变量的影响，变系数模型除了反映个体影响外，也通过结构参数在不同横截面个体上的不同，反映经济结构的变化。正式估计之前，需要先预判模型形式，通过构造 F 统计量进行检验。

假设 1：斜率在不同横截面样本点上和时间点上都相同，但是截距不同，模型属于变截距形式。

假设 2：斜率和截距在不同横截面样本点和时间点上都相同，模型属于一般模型形式。

设定地区与年份为面板（个体）变量及时间变量，以农业生产总值为被解释变量，公路综合密度为核心解释变量为例，进行模型选择，使用组间估计量，F 检验的 P 值为 0，强烈拒绝假设 2，认为固定效应明显优于混合回归，应该允许每个个体拥有自己的截距项。LM 检验强烈拒绝"不存在个体随机效应"的假设，说明在随机效应与混合回归之间选择个体随机效应。下一步，豪斯曼检验中 P 值为 0，故强烈拒绝假设"随机误差线与解释变量不相关"，认为应该使用固定模型，而非随机效应模型。因此，选择变截距固定效应模型。由于本章的研究目的不在于研究各个地区之间农业经济增长结构的差异和原因，而是从整体上把握农村地区农业经济增长的影响因素，因此选用变截距模型是合适的。地区之间农业经济分化有着深刻复杂的地理、历史、文化等原因，本章不对该问题进行过多探讨。

第四节　实证结果及分析

在对实证模型进行参数估计前，对可能出现的经济计量问题进行探讨。这些问题包括变量的测量误差、解释变量的内生性问题和重要解释变量遗漏等。对这些问题的有效解决可以尽可能地得到参数的一致估计值。

一　可能遇到的经济计量问题

（一）测量误差问题

测量误差是测算交通基础设施存量中容易遇到的问题。很多相关研究对交通基础设施的衡量指标选取资本投资额，特别是公共资本投资。但公共资本投资并不是交通基础设施很好的代理变量。原因在于私人资本投资在交通基础设施建设中占了相当重要的部分。刘生龙等（2010a）认为，中国交通基础设施建设中采用私人资本投资的"收费公路"的建设模式，特别是 20 世纪 90 年代我国交通基础设施迅速改善很重要的原因就在于此。因此仅用公共资本投资来衡量交通基础设施并不全面，会带来系统性的测量误差，导致有偏参数估计结果。即使能够收集到全面的公共资本投资和私人资本投资数据，也无法保证投资的有效性，特别是在发展中国家。21 世纪以来，越来越多的学者主要采用实物指标测算基础设施存量，能够有效解决公共投资带来的一些问题。正是基于此原因，我们主要收集了交通基础设施的存量指标，包括所有的国道、省道和农村公路详细里程，并考虑了人口数量和土地面积的差异性因素。由于测量误差难以完全避免，除了尽可能选择合适的测算指标之外，希望通过面板数据模型的固定效应方法在参数估计过程中的差分过程消除部分测量误差。

（二）内生性问题

固定效应模型虽然可以部分消除不随时间变化的遗漏变量问题，但是交通基础设施与经济增长之间可能存在互为因果的关系，交通基础设施能够促进经济增长，而经济增长也可能反向改善基础设施存量。一旦出现这种逆向因果关系，内生性问题难以避免。内生解释变量会导致模型参数估计有偏，为了消除内生性问题，有的研究者或使用工具变量法，或通过联立方程组等。但有些研究者认为，使用存量指标代替流量指标就可以解决模型的内生性问题，或者使用面板数据模型通过合适的估计方法消除内生性。为了解决实证模型中解释变量可能存在互为因果导致的内生性问题，本章的被解释变量选取的是县级水平的农业生产总值。由于交通基础设施建设投入较大，特殊政策地区的中省补助标准较高，如 2012 年交通运输部发布《集中连片特困地区交通建设扶贫规划纲要（2011～2020 年）》，"十二五"期间交通运输部计划用于 11 个集中连片特困地区和 3 个实施特殊政策地区交通建设的车购税总额达到 5100 多亿元，占"十二五"公路建设车购税资金的近50%，占车购税增量资金的 76%，国家的交通支持力度规模空前，这是一次重要的政策冲击。因此以该政策为主导的交通支持政策，从一定程度上减弱了区域内部经济增长对基础设施存量提高的影响，特别是农业经济增长的产值相对较小，反向对交通基础设施存量的影响极其微弱。本章主要通过选取合适的代理变量和合适的估计方法尽量减少内生性问题。

（三）遗漏变量问题

影响农业生产总值的因素非常多，比如制度因素、天气因素、土地质量、地形分布等，都有可能对年度农业生产总值产生显著影响。但由于一些因素无法观测，另一些因素即使可被观察但也难以获取数据，因此解释变量的遗漏问题难以避免。我们将遗漏变量放入残差项中，并尽量选择恰当的控制变量来控制遗漏变量影响，并于回归时用正负误差相互抵消减少遗漏变量影响，得到渐进无偏的估计结果。

二　实证结果及假说验证

（一）公路规模对农业经济增长的影响

表 4-3 给出了实证方程的参数估计结果，核心解释变量公路综合密度通过 5% 的显著性水平检验，调整后的拟合优度达到 0.8580，说明模型设定比较合理，农业经济增长可以由公路综合密度、教育水平、农业劳动力数量和农业机械总动力以及耕地面积等变量来解释。

表 4-3　公路规模对农业经济增长影响评估结果

变量	系数	t 统计值
公路综合密度	-0.0680**	-2.39
教育水平	-0.0048	-0.75
农业劳动力数量	0.2014	1.24
农业机械总动力	0.1862	1.31

续表

变量	系数	t 统计值
化肥施用量	0.2191**	2.33
耕地面积	0.2871*	1.91
秦巴山区	0.3517**	2.47
六盘山区	0.3282*	1.69
常数项	−4.9634***	−3.45
Adj−R^2	0.8580	
F 检验值	33.70	
Obs	205	

注：*、**、*** 分别表示估计系数在 10%、5% 和 1% 水平上显著。

当其他条件保持不变时，公路综合密度每增加 1%，农业生产总值平均减少 0.0680%；化肥施用量每增加 1%，农业生产总值平均增加 0.2191%；耕地面积每增加 1%，农业生产总值平均增加 0.2871%。从变截距来看，秦巴山区、六盘山区和吕梁山区在农业经济发展上存在显著差距。秦巴山区农业经济产值较高，其次是六盘山区，最低的是吕梁山区。由前面的理论可知交通基础设施对经济增长的重要意义，在经济学上，应该是有显著的正向促进作用。比如交通基础设施通达能力的提升可以降低生产要素流动成本，进而提高要素生产率，促进经济增长；或者提高区域之间、城乡之间交易效率，减少市场分割现象，进而促进经济增长等。但是本章的实证结果中，在考虑了农村地区的行政区域面积和人口等因素后的公路交通基础设施通达能力提高，并没有对农业经济增长产生显著的正向促进作用，反而是显著负向作用，公路综合密度的系数为−0.0680。实际上，国内一些学者对交通基础设施通达能力与经济增长关系的研究中，鲁渤等（2019）以地级市数据作为研究范围，得到交通基础设施与经济增长呈现显著的倒"U"形关系的结论，在公路交通通达性较好的地区，对经济增长影响的边际效应递减。

从实证结果和之前学界的研究结论中，值得注意几点问题。一是从实际发展中看，中国是世界上基础设施跨越式发展的重要案例，从前面对中国农村交通基础设施发展的历史回顾可以看到，"十一五"之后是农村交通基础设施快速建设的重要起点，同时，中国也是世界上致力减贫力度最大的国家，因此，政府对交通基础设施可能存在过度投资，与经济增长其他要素不相匹配的问题。二是在前面的实证研究中，选择的公路规模指标——公路综合密度，数据的统计口径包括国道、省道以及县、乡、村道，实际上交通基础设施涵盖的范围非常广，即便是公路交通也包括以上五种。因此，在研究交通基础设施与经济增长的关系中，不能仅仅以"大交通"的统计数据进行宽泛地研究，可能会得到不尽相同的影响结论。为检验是否存在"交通基础设施通达能力提升，反而对农村地区农业经济增长产生了负效应"这一现象，将分解交通基础设施数据口径，将核心解释变量替换为与农业经济增长更为紧密的农村公路行政等级结构数据，即县道、乡道、村道，从公路结构的视角进行检验。

（二）公路结构对农业经济增长的影响

前文的估计中，考虑土地面积和人口因素，通过使用公路综合密度来衡量农村地区交通基础设施的通达性，得到在部分农村地区交通基础设施通达性并没有对农业经济产值增加产生积极作用，反而有显著的负相关性。为了检验这一结论的稳健性和指标的可靠性，本节使用县级农村公路行政等级标准下的细分结构里程来衡量农村地区交通基础设施的通达性。这种方法可以剔除国道、省道对农业经济发展的影响。国道和省道在道路使用功能上，主要提供省与省之间、大中城市间和省域内的长距离、大容量和高速度的交通服务，连接的是人口规模较大的大中城市或区域经济中心。

山区县内部人口数量较少、经济体量较小，并由于地理封闭等原因，农业经济发展的重要特征是区域内部自给自足的小农经济。农村公路（县道、乡道和村道）指标可以使地理位置偏远、干线公路较少的县级样本也可以通过这一指标测度其交通基础设施的可达程度，并且农村公路也是中央政府在农村地区重点投资建设的基础设施。县道和乡道提供中等距离及较短距离的中等容量或较小容量的中低速交通服务，在路网功能上以服务县、镇、农业基地、商品集散地，连接干线公路等为主，是服务县域经济增长最基础的交通基础设施。村道直接连接交通需求源点和集散公路，直接服务农民生产生活基本出行需求。

由表 4-4 可知，在替换了交通基础设施核心解释变量之后，在不对农村地区进行分区域的情况下，农村公路中的县道和乡道对县域农业经济增长有显著的正相关关系，系数分别为 0.2304 和 0.4078，即当其他条件保持不变时，县道每增加 1%，农业生产总值平均增加 0.2304%；当其他条件保持不变时，乡道每增加 1%，农业生产总值平均增加 0.4078%。在替换交通基础设施核心解释变量后，从变截距的数值来看，秦巴山区农业经济产值最低。与前文估计结果相比，系数的显著性是相一致的，不同的是符号发生了改变。农村公路对农村地区的农业经济增长存在显著的正相关作用。

表 4-4 公路结构对农业经济增长影响评估结果

变量	系数	t 统计值
县道	0.2304 **	2.17
乡道	0.4078 ***	4.07
村道	−0.1903	−0.94
教育水平	0.0009	0.13
农业劳动力数量	0.0597	0.45
农业机械总动力	0.1884 *	1.83
化肥施用量	0.3327 ***	3.63
耕地面积	0.1302	0.76
秦巴山区	−0.0198	−0.15
六盘山区	0.1627	0.92
常数项	−6.5474 ***	−6.53
Adj-R^2	0.8935	
F 检验值	56.63	
Obs	205	

注：*、**、*** 分别表示估计系数在 10%、5% 和 1% 水平上显著。

三　稳健性检验

（一）公路规模区域分样本检验

农村地区自然资源禀赋和农业生产条件差异性较大。秦巴山区、六盘山区和吕梁山区分跨中国地理区位的山地丘陵地带和黄土沟壑地区，均存在地理条件恶劣、自然灾害频发和生态环境脆弱的问题。但从区域内部来讲，有显著不同的地貌特征和要素禀赋，导致产业特征和生产力布局的区域异质性。

例如陕西省，分跨秦巴山区、六盘山区和吕梁山区三个山区。陕西地貌南北高、中部低，陕北地区以高原和山地为主，陕南地区以山地和盆地为主，关中地区以平原为主。因此，位于陕北地区分属吕梁山区的县，由于干旱少雨和土地贫瘠，加之能源资源丰裕度高，引致产业结构失衡严重，对能源经济的依赖度较大，工业对经济增长的贡献率达到70%以上，农业发展受限；位于关中地区分属六盘山区的县，由于靠近关中平原，水资源相对充裕，交通基础设施条件相对较好，发展制造业的区位条件和资源基础是三个区域中最好的，2000年后关中地区的第二产业产值增加迅速，其次是第三产业，第一产业产值发展增速较缓；位于陕南地区分属秦巴山区的县，是陕西乡村振兴重点帮扶县最为集中的地区，陕南地区的汉中、安康和商洛三市是南水北调中线工程核心水源涵养地，境内的汉江和丹江流域提供中线工程70%的水量，属于国家主体功能区中限制或禁止开发保护区，工业发展受限但生态环境优势明显，贫困、人口和环境三者之间存在互为因果的发展关系，是典型的生态保护与减贫发展协同诉求较高的地区。唐萍萍、胡仪元（2017）计算出陕南地区2015年第一产业比重在12.4%~18.0%区间，与陕西省8.8%和全国9.2%的水平相比较高，整个区域农业产值占陕西省的23.5%，是陕西省农业发展的重要区域。基于不同地区的不同产业特征和面临的政策禀赋约束，交通基础设施的改善对农业产值的促进作用有可能受到不同区域因素的影响。为了识别区域异质性因素的影响，将样本中的县域分为秦巴山区、六盘山区和吕梁山区，用OLS进行异质性分析，如表4-5所示。

表 4-5　区域异质性因素对农业生产总值影响评估结果

| 变量 | 农业生产总值 | | | | | |
| | 秦巴山区 | | 六盘山区 | | 吕梁山区 | |
	系数	t 统计值	系数	t 统计值	系数	t 统计值
公路综合密度	-0.1328***	-5.23	0.0608	1.13	0.0574	1.63
教育水平	-0.0790	-1.16	-0.2907	-1.55	0.6840**	3.12
农业劳动力数量	0.3734***	3.16	-0.7225	-1.37	-1.1334***	-4.00
农业机械总动力	-0.0768	-0.74	0.1561	0.37	0.9013***	5.39
化肥施用量	0.0949	0.65	0.3126	1.58	-0.4135*	-2.34
耕地面积	0.5512***	3.47	0.9831**	2.88	-0.1361	-1.18
常数项	-2.8362**	-2.44	-10.8079**	-2.76	-1.6653	-0.58
Adj-R²	0.9276		0.8870		0.8358	
Obs	135		35		35	

注：*、**、***分别表示估计系数在 10%、5%和 1%水平上显著。

在表 4-5 中，公路综合密度对秦巴山区有强显著影响，且符号为负，但是对于六盘山区和吕梁山区并没有显著性影响。虽然后两个区域对公路综合密度的显著性不高，但是从数值来看，公路综合密度对六盘山区的影响大于吕梁山区。从表 4-5 中也可以看到，3 个地区的部分经济特征，与现实基本相符。秦巴山区是主要的劳务输出地区，在实地调研中，商洛、汉中和安康三市县域外出务工人员占全部劳动力人口数量的 1/3，主要与秦巴山区多山地少平原，耕地面积少、人口较多的原因有关。因此，秦巴山区在发展农业经济上，虽然拥有较好的生态资源条件，但缺少农业劳动力、缺少耕地面积成为相较交通基础设施增加更为迫切正向影响农业生产总值提高的因素。吕梁山区与秦巴山区在地理地貌方面类似，都是山多平原少，但由于吕梁山区地处黄土高原丘陵沟壑区，水土流失严重，土地贫瘠，虽然人口相对较少，但土地生产力不高，农业劳动力存在过剩情况，同时，化肥施用不当会破坏土壤结构，造成更多的水土流失。从表 4-5 中可知，吕梁山地区在提高山区旱作农业综合机械化水平和提高教育水平方面，对提高农业经济增速、减少贫困有显著的正向影响。

（二）公路结构区域分样本检验

为了进一步检验不同地区区域间的不同影响，进行农村公路行政等级标准下的分区域回归，以估计农村公路对不同县级样本产生的异质性影响。前文得到公路综合密度对秦巴山区有强显著影响，且符号为负，但是对于六盘山区和吕梁山区并没有显著性影响，这与三个区域的自然条件、要素禀赋及产业特征有关。本节将公路综合密度变量指标替换为县道、乡道和村道公路里程，进行 OLS 分组回归，以验证剔除了国省道路之后，农村交通基础设施通达性的提高是否能对农业经济增长产生正向影响。

总体而言，从表4-6中可以看出，县乡村道在秦巴山区、六盘山区和吕梁山区不同程度上表现出对农业经济增长的显著效应，大多数在1%的显著性水平下通过了显著性检验，且绝大多数对农业经济增长有着非常显著的正向促进作用。农村公路具备与农业经济增长更为紧密的相关关系，更能代表农村交通基础设施的通达程度，因此农村公路对当地产生正向影响从而提高当地农业经济产值。

表4-6 公路等级对农业生产总值影响评估结果

变量	农业生产总值					
	秦巴山区		六盘山区		吕梁山区	
	系数	t统计值	系数	t统计值	系数	t统计值
县道	0.2078	1.51	2.0303***	7.55	1.3245***	5.21
乡道	0.3289***	2.89	−0.7656**	−2.59	1.1943***	6.15
村道	−0.4158	−1.70	−0.2151	−1.56	0.2864**	3.02
教育水平	−0.0274	−0.36	0.2266	0.68	0.1369	1.85
农业劳动力数量	0.1243	0.99	−0.6080	−1.39	0.0701	0.23
农业机械总动力	0.0923	0.73	−0.3914	−1.92	0.0153	0.05
化肥施用量	0.3516**	2.23	0.0010	0.03	0.1532	1.37
耕地面积	0.3406	1.27	−0.1924	−0.25	−0.5704***	−6.30
常数项	−5.6246***	−4.81	5.6240	1.22	−8.1492***	−4.00
Adj-R^2	0.9121		0.9954		0.9745	
Obs	135		35		35	

注：*、**、***分别表示估计系数在10%、5%和1%水平上显著。

　　值得注意的是，县道、乡道和村道在不同地区对农业经济产值的影响有所区别。县道存量交通的减贫效应发挥在六盘山区和吕梁山区有强显著正向效应，且系数值较大，当其他条件保持不变时，县道每增加1%，六盘山区的农业经济产值平均增加2.0303%，吕梁山区的农业经济产值平均增加1.3245%，但在秦巴山区并不显著。相较于县道，乡道存量交通的减贫效应在三个区域普遍表现出较强的显著性，但是正负效应不尽相同。在秦巴山区和吕梁山区，乡道对农业经济产值增加的正向拉动显著性通过1%的显著性水平，且均为正值，当其他条件保持不变时，乡道每增加1%，将使秦巴山区农业经济产值平均增长0.3289%，使吕梁山区农业经济产值平均增长1.1943%，但是在六盘山区会使农业经济产值平均降低0.7656%。村道交通存量的减贫效应在三个地区的显著性不高，仅在吕梁山区显著为正。

　　控制变量层面，在不进行区域划分的情况下，农业机械总动力、化肥施用量和耕地面积大多存在显著的正向效应，可以发现农业技术进步和增加可利用耕地面积对农业经济增长有广泛意义上的促进作用。就具体的区域而言，提高教育程度在吕梁山区表现为显著正向效应，但在其他区域效果并不显著；农业劳动力数量的增加在秦巴山区有显著正向效应，但在吕梁山区表现为显著负相关，且系数值较大，存在抑制作用；化肥施用量的增加在秦巴山区有显著正向效应，但在水土流失较严重的吕梁山区有显著负向效应；耕地面积在多山的秦巴山区和地形破碎的六盘山区有显著正向效应，但在吕梁山区呈现为显著负相关。即如果不考虑地区内部交通基础设施发展水平和自然资源等的差异性，可能会忽视各区域内部相当明显的差异性，在政策分析中不能提出有针对性的建议。

第五节　本章研究结论与启示

　　为研究交通基础设施对农业经济增长的效应，并鉴于细分统计口径下交通基础设施数据的难获得性，本章选取秦巴山区、吕梁山区和六盘山区县级公路交通基础设施存量2011~2015年面板数据，从基于土地面积和人口数量衡量的公路综合密度和农村公路行政等级结构两个角度探析交通基础设施对区域内部农业经济增长的影响及区域之间的差异，得出如下研究发现。

第一，从公路综合密度的研究视角来看，交通基础设施存量指标对农业经济增长主要表现为显著负相关的影响。就秦巴山区、六盘山区和吕梁山区整体而言，交通基础设施发展的影响表现为，提高公路综合密度对农业经济增长有较明显的负向影响；就三大地区分区域而言，农业生产总值最高的秦巴山区，公路综合密度同样表现出了对农业经济增长的强显著负向影响，而六盘山区和吕梁山区表现不显著。从总量视角研究得到，样本山区公路交通基础设施超过了最优水平。

第二，从农村公路行政等级结构的研究视角来看，大部分交通基础设施存量指标表现为显著正相关。就秦巴山区、六盘山区和吕梁山区整体而言，农村交通基础设施发展的影响表现为，县道和乡道的增加对农业经济增长有显著的正向影响；就三大地区分区域而言，乡道增加对秦巴山区农业经济增长有强显著正向影响，县道增加对六盘山区有强显著且增加值较高的正向影响，但是乡道增加表现出显著负向抑制作用，对于吕梁山区农村公路整体均表现出显著正向影响。从结构视角研究得到，与总量超过最优水平相矛盾的是，地区公路交通基础设施存在结构性失衡现象。

第三，其他控制变量层面，教育水平、农业劳动力数量、农业机械总动力和耕地面积等控制变量对农业经济增长具有不同程度的影响，同时表现出比较明显的区域差异性。如农业劳动力数量，在秦巴山区仍然存在较强的正向影响，但是在吕梁山区表现出了负向抑制作用；化肥施用量同样在秦巴山区和吕梁山区表现出了正负不同的影响方向。

交通基础设施提高可以促进农业技术推广和信息交流，降低农业生产成本和运输成本，提高交易效率，增加农业产出以实现农村减贫，这是交通基础设施改善对农村减贫的直接效应。但是交通基础设施的发展不仅存在规模和结构上的差异，而且存在不同区域发展效果的异质性。本章基于此，在利用固定效应变截距面板回归和分区域回归分析方法对以上结论进行识别，根据实证研究结论，本章提出以下政策启示。

首先，从交通基础设施的规模来看，加大国省道路建设投资、提高公路存量指标，显然已经不能继续增强对农业经济发展的促进作用。基础设施投资一旦偏离社会最优的数量和结构，会阻碍农业农村的长远发展。因此，在交通基础设施的投资方向上，需结合公路结构和公路等级等多方面因素进行科学决策。

其次，从交通基础设施的结构来看，继续加大农村公路建设投资并使农村交通基础设施达到一定的门槛值，有助于提高农业经济产值，消除农业发展瓶颈，是增强农村地区农业可持续发展能力的有效途径。但要注意不同区域农村交通基础设施发展现状和对农业经济影响的强度和方向，制定出因地制宜促进乡村振兴的交通政策。

最后，当交通基础设施相对于农业经济增长的其他要素不协调时，甚至可能产生负的外部性。要充分发挥交通基础设施对农业经济增长的贡献水平，需要提高经济体系有效利用公路基础设施的能力，要针对不同区域经济发展水平，对优化交通基础设施存量与结构进行差异化投资，加快弥补农村交通短板，使之与要素禀赋结构相适应，提升对其他要素的可获得性，如农业科技、人力资本、劳动力等要素的输入，通过对交通基础设施资源配置的调整，促进农业产业发展和乡村振兴。

第五章

交通基础设施建设对农民收入的影响

交通基础设施是经济发展的基础条件，也是农户增加收入和减贫的重要发展手段。交通基础设施对农村地区的经济增长效应主要分为直接效应和间接效应。直接效应主要指交通基础设施的改善引致农业生产成本和运输成本降低，农业产出效益增加，交易效率提高，实现农村经济增长。间接效应主要表现在交通基础设施可达性提高，促进了生产中其他要素对农业劳动力的替代，促进劳动力非农就业，进而增加农户家庭收入。2022 年全国农村居民人均可支配收入 20133 元，比上年增长 4.2%，比全国城镇居民收入增速提高 2.3 个百分点。其中，增速最快的分项收入为人均可支配财产净收入，增长 8.4%，其次为人均可支配转移净收入，增长 6.8%。但是从绝对值看，人均可支配财产净收入最低，仅为 509 元，主要来源渠道之一是近年全国开展的农村集体资产股份权能改革。农民收入绝对值占比最多的仍然是工资性收入和经营性净收入，约占总收入的 80%。知识技能、年龄、健康状况、市场分割等是影响农户收入的重要因素。国内外大量文献验证了交通基础设施建设对经济增长的正向效应，但由于农村数据可得性较差，较少文献对农村地区交通基础设施的农民收入增长效应进行研究与探讨。本章拟通过微观调研数据，将交通基础设施可达性作为解释变量，结合影响农民收入的其他因素构建数据模型，分析农村地区交通基础设施对农民收入的影响，为乡村振兴期内政府交通基础设施投资提供决策参考。

第一节 理论分析与研究假说

一 微观视角下农民收入增长的测度指标

提升经济增长质量是我国当前经济发展的重要目标。经济增长质量主要是宏观经济学的研究领域之一，但仍然需要坚实的微观基础和支撑经济发展质量的有效政策。人力资本是经济增长的核心要素，从新增长理论来看，现代经济的持续发展很大程度上需要依赖人力资本素质的提高和结构优化。人力资本对经济增长的促进作用分为直接和间接两部分。一是将人力资本视为最终产品的直接投入要素，通过内部效应和外部效应作用的发挥，通过影响资本、劳动和技术进步这三种资源整合配置作用直接作用于经济增长。内部效应表现为人力资本投资增加了经济主体自身的收益。外部效应表现为人力资本在各个生产要素之间发挥着相互替代和补充的作用。二是将人力资本视为技术生产的重要投入品，通过提高全要素生产率间接促进经济增长。交通基础设施的经济增长效应在学术界得到较早关注，大部分的文献认为交通基础设施改善的增长效应明显。Aschauer（1989）较早关注基础设施建设对地区经济的影响，对高速公路、机场等核心交通基础设施的经济影响效应进行研究。国内较早研究基础设施经济增长效应的学者之一刘生龙等（2011）认为交通基础设施的可得性提升可以促进农村居民收入增长，并缩小城乡收入差距。但是也有部分学者认为交通基础设施增强中心城市集聚力，实际上不利于非中心城市的经济发展。交通基础设施地区经济增长效应存在争议，区域异质性特征突出，并且从人力资本对经济增长的促进作用视角研究的文献相对较少。也有一些学者采用除收入之外的其他指标研究人力资本对经济增长的促进作用。张亦然（2021）基于中国家庭追踪调查（CFPS）微观数据库实证检验"通公路"这一交通基础设施改善对农村居民家庭恩格尔系数降低的影响，测量收入效应。李东坤、郑浩生等（2021）以西部民族地区8省区为研究对象，考察交通基础设施对城镇经济增长的影响效应，使用

Foster 等提出的基于收入维度测度地区绝对贫困和相对贫困状况的 FGT 指数。本章选取农户家庭人均收入作为测度指标，考虑到收入是微观问卷调查的测量基础，也是低收入农户现实认定的重要量化"门槛"。为提高农民收入测算的精准度和减少调查中的信息不对称，课题组在问卷调查中采用询问总收入、分项收入和访谈村干部的办法进行三方面平衡，数据差别较大的剔除无效样本，以保证收入指标数据的准确性。

二 交通基础设施收入影响效应相关研究综述

伴随我国实现"第一个百年奋斗目标"，绝对贫困现象消失，扶贫治理工作重心转向实施乡村振兴战略。实现"共同富裕"是乡村振兴的根本，如何提高农民收入增加的可持续性是根本之策。交通基础设施是收入的重要影响因素，国内农村数据由于缺乏长期性历史统计，特别是针对农村地区的专项区域统计数据较少，导致国内文献较少有针对农村地区交通基础设施收入影响效应的研究。因此，课题组联合交通行业部门对秦巴山区不同类型交通基础设施沿线农户进行问卷调查，将农户家庭人均收入作为被解释变量，将高速公路可达性作为核心解释变量，结合影响农民收入的其他重要因素构建横截面数据模型，分析农村交通基础设施对农民收入的影响效应，以期帮助政府更加了解交通基础设施影响农民收入的机制，为下一步政府决策提供研究参考。

（一）交通基础设施收入影响效应及对收入分配的影响

交通基础设施作为国民经济发展的先导性产业，与其他产业发展紧密相关，对于缩小城乡收入差距、促进农村发展具有重要意义，学术界关于交通基础设施改善能够增加农村居民收入的研究结论普遍持认可观点，但对收入分配的影响学术界尚未达成共识。刘生龙、周绍杰（2011）从基础设施的可获得性视角研究发现，交通基础设施可获得性的提升，对中国农村居民收入增长以及城乡收入差距缩小有显著正向影响。刘晓光、张勋等（2015）采用中国 1992~2010 年省区面板数据考察基础设施城乡收入分配效应发现，交通基础设施相比城镇居民收入，对农村居民收入提升产生更为显著的正向影响，在总体上可以带来显著的收入分配改善效果。罗能生、彭郁（2016）利用1990~2013年全国各省区面板数据模型进行空间计量分析，发现交通基础设施对各省区城乡收入公平的改善有正面影响。就交通基础设施与农村居民收入增加的关系，李慧玲、徐妍（2016）对我国1988~2014年省域面板数据建模分析认为，交通基础设施建设与农民增收之间是单向关系，交通投资对农民收入呈现较强的正向影响，农民收入增加对交通基础设施促进缺乏冲击效应。任晓红、但婷等（2018）基于西部地区乡镇层面数据分析认为，农村交通基础设施存量对农村居民收入具有非线性正向促进作用，但具有显著的门槛效应。

现有文献表明，交通基础设施的收入效应主要指对提高农村居民绝对收入具有积极意义，但从相对收入的视角来看，Calderón和Chong（2004）认为基础设施对经济发达地区和欠发达地区的影响不同，由于基础设施与私人物质资本和人力资本之间存在互补关系，基础设施在经济发达地区产生的回报高于欠发达地区，会引起收入分配不公的程度上升。

比较折中的研究观点是任晓红、张宗益（2013），其在新经济地理学模型理论框架下通过仿真实验分析认为，农村人口所占比重较大时，交通基础设施提升对农民收入增加的影响幅度远大于城市工人收入，但随着生产要素不断向城市聚集，特别是当生产要素进一步向城市流动并超过某一临界值时，城乡收入差距呈现反向扩大趋势，由于生产要素的趋利性，改善交通基础设施会促使生产要素在城乡之间的动态调整中达到稳定均衡状态，最终使交通基础设施水平对城乡收入差距的影响不再显著，但现阶段我国加大农村地区交通基础设施投入有利于缩小城乡收入差距，交通基础设施可达或改善对现阶段我国农村居民绝对收入的增加仍有积极作用。

（二）人力资本在交通基础设施收入影响效应中的异质性

交通基础设施收入影响效应源于通达性和网络性。交通基础设施改善可以显著压缩地区之间的时空距离，降低运输成本、交易成本，减少信息不对称问题，促进资源和要素流动，进而促进居民收入增加。特别是对经济欠发达的农村地区，收入主要来自农业生产，交通基础设施改善可以提升市场可达性，能够更便于农业劳动力在市场价格信号引导下，改变生产经营方式和农产品种类，提高生产经营效益，增加农民收入，缩小城乡之间、区域之间收入差距。

在为数不多讨论交通基础设施收入影响效应的文献中，交通基础设施促进农民增收的主要路径就是通过节约交通成本和时间成本促进要素流动的方式增加农民收入。Aggarwal（2018）在印度农村关于公路交通时间地点外生变化的自然实验中发现，交通基础设施的可达能够显著提高农村市场化水平，降低市场准入门槛，增加农村居民获得经济参与的机会，能够更好地进入劳动力市场等。李东坤、郑浩生等（2021）对西部民族地区的研究结果显示，交通基础设施收入影响效应的机制主要是通过促进人口流动推进城镇经济增长，要促进西部民族地区交通基础设施内联外通和网络建设，特别是要优先发展与低收入人口流动密切相关的公路交通，通过交通基础设施的可得性促进增收效应扩大。但实际上，交通基础设施能否更好地促进要素流动，实现农民增收，很大程度上取决于交通基础设施使用效率，而使用效率从很大程度上取决于使用者的受教育水平。教育是人力资本投资的基础和重要形式，教育的增长会使个人工资性收入分配比财产收入增长更快，能够降低财产收入分配的不平等和个人收入分配的不平等。受教育程度相对较高的人群往往具备更广泛的信息渠道以及更宽泛就业的可能性，因而人力资本水平较高的农村地区居民从同样的交通基础设施投入中能够获取更高的边际收益。特别是在就业门槛不高、就业空间宽容度较大的农村地区，人力资本的非均质性特点突出，交通基础设施增收效应很可能存在不确定性。

骆永民、樊丽明（2012）研究认为，农村人力资本不仅是影响农民收入的重要因素，更是造成农村基础设施增收效应空间异质性的重要因素，在受教育水平较高、农村人力资本充足的省份中，公路密度对本省农民工资性收入的影响显著为正，但对邻省农民工资性收入影响为负、非工资性收入影响为正，证明了交通基础设施增收效应在不同人力资本条件地区影响的异质性。康江江、宁越敏等（2017）对667个县域农民收入的时空变化特征及其影响因素进行计量分析得到，平均受教育年限对农民收入产生了显著的负向作用，这是由于潜在高素质人力资本的离家求学和外地就业，并没有对农民增收产生作用。综上所述，改善农村交通基础设施水平能够对农民绝对收入增加产生正向作用，然而，交通基础设施能否更加有效利用以提高农村居民特别是欠发达地区农村居民的相对收入，需要对农村交通基础设施收入影响效应中的人力资本因素进行实证方面的研究。

（三）交通基础设施收入效应的其他影响因素

除了交通基础设施之外，影响农村居民收入的个人特征和家庭因素主要包括家庭人口规模、受教育程度等。任淑荣（2007）认为，家庭人口数量和每个劳动力负担人口是决定农户劳动消费人口比例及其积累、消费与储蓄等决策行为的重要因素，也是影响农户收入增长及其结构变化的主要原因。张占贞、王兆君（2010）对影响农民工资性收入的因素进行实证分析，认为受教育程度、人均交通和通信支出比重等因素对农民人均工资性收入影响呈正相关，特别是人均交通和通信支出影响最大。

从外部环境影响因素来看，贾立（2015）对影响中国农民收入的农业基础因素、农村金融与资本面因素和农村科技面因素进行研究，发现农业基础因素和科技因素对农民增收有正向促进作用，农村金融与资本面因素对农民增收具有负向效应。陈乙酉、付园元（2014）从国内外研究农民收入的综合影响因素进行分析研究，认为不论是国外还是国内，政府政策、人力资本、土地制度、财政支农、农村金融、农业发展模式、自然和气候条件等均是影响农民收入的重要因素，促进农村居民增收要提升人力资本、金融资本和土地资本的积极作用。康江江、宁越敏等（2017）对我国集中连片特困地区农民收入的影响因素研究后认为，耕地资源数量、农业产出效益、城镇化率、人口迁移、民族差异和交通条件都是影响农民收入的重要因素。苏静（2017）基于2000~2014年武陵山区66个县域的面板数据和空间杜宾模型分析了连片特困地区农民收入增长的影响因素，金融发展、经济基础和投资水平、政府干预、产业结构等对农民收入有显著影响，但人力资本因素影响不显著。

从合作经济的视角来看，刘宇荧、张社梅等（2019）通过构建成员参与模式影响农民收入的分析框架认为，紧密参与模式和松散参与模式能够显著提高成员的农业人均收入和家庭人均收入。张梅、王晓等（2019）基于

429 个贫困户微观调查数据分析认为，合作社参与对贫困户家庭有显著增收效应。温雪、范雅静等（2019）同样基于微观调查数据研究认为，参加农民专业合作社的农户工资收入比未参加农户要高。

已有文献多从统计数据和普查数据对农村居民收入进行分析，针对农村居民收入的微观调查数据的文献资料较少，如果单从相对宏观的统计数据进行分析研究，很有可能遗漏微观个体特征对收入影响的作用和机制，如对人力资本的影响作用就产生了分歧。

（四）高等级交通基础设施的收入增长效应

高速公路作为高等级公路交通基础设施的代表，是以点—轴型为基本特征的区域经济发展系统。高速公路点—轴型系统中的主要连接点是区域发展的中心城市或城镇，点的可达性反映的是所在区域与其他城市或城镇经济、技术、信息的交流便捷程度，高速公路建设改变了区域空间的可达性，增强了城市、城镇之间的经济引力，成为与大中城市实现高效社会经济联系的重要工具。王海江、苗长红等（2018）认为欠发达地区多处在区域中心城市对外交通联系的边缘地带，加强对欠发达地区交通联系方面的研究意义重大。国内关于交通基础设施对贫困地区农民增收影响的研究中，较少有针对高速公路发展促进农民收入方面的文献。2012 年交通运输部发布的《集中连片特困地区交通建设扶贫规划纲要（2011～2020 年）》计划到 2020 年，集中连片特困地区国家高速公路基本建成。在大力建设高速公路期间，2015 年贵州省实现"县县通高速公路"，其中 80% 高速公路里程分布于集中连片特困地区；2019 年四川省境内的秦巴山区实现"县县通高速公路"；2020 年陕西省境内实现"县县通高速公路"，结束秦巴山区不通高速公路的历史。以高速公路为代表的高等级公路交通基础设施快速发展，有利于农村居民在区域重要城市和城镇之间加快流动。王浩（2014）针对高速公路对农民增收影响进行了研究，基于贵州省级面板数据研究认为，普通公路和等级公路密度增加，对农民收入呈现负相关效应，但高速公路对提升农民收入有显著的正相关效应，黔西南、黔东南和黔南三州不同民族地区中，高速公路的增收促进效应大致相同。周文（2019）通过 87 个地级市不同交通运输方式分类的动态面板数据发现，公路运输和航空运输对人均 GDP 的增长有显著促进作用，普通铁路在贫困地区的经济发展促进效果并不明显，其中并未对高速公路的影响进行单列研究。已有的少量文献都是基于省市面板数据对交通基础设施的农民增收或经济增长效应进行研究，缺少聚焦农村地区高速公路对农民增收影响研究的文献。

三　研究假说

在交通基础设施收入影响效应研究领域，既有文献多采用省市级宏观统计数据进行分析研究，一是难以精准对焦不同的交通基础设施，特别是近十年农村地区快速建设发展的高速公路；二是难以准确描述在什么样的条件下交通基础设施的收入效应可以增强放大，实现有效利用。因此，为更聚焦我国农村地区高等级交通基础设施的增收效应，本章将采用微观个体问卷调查的方法，重点关注高速公路可达性对农村家庭收入状况的改善作用。提出以下研究假说。

假说 1：高速公路可达性的提高，有利于农户家庭人均收入增加。

假说 2：人力资本因素是高等级交通基础设施刺激农户家庭人均收入增加的调节机制，能够有效促进高等级交通基础设施的收入增长效应。

第二节　调查问卷的描述性统计与模型构建

一　问卷设计与调查实施

为了解农村地区高速公路可达性对农民收入影响效应，课题组于 2021 年在秦巴山区的核心腹地——安康市、汉中市和商洛市进行农村居民收入调查。基于农民收入的主要影响因素是农民个体特征及外部环境因素，问卷选取农民个体特征、家庭特征以及其他外部影响因素等三大类因素，以考察农民收入影响的特点。本次样本采集采用随机抽样的方法，共在秦巴山区的 3 个市、14 个县、113 个村随机选取样本农户 1312 户，从家庭情况、家庭经营与收入、资本（资产）情况、生活质量、健康状况、交通状况、地理环境基本情况等方面进行访谈式问卷调查，为提高农民收入测算的精准度，课题组在问卷调查中采用询问总收入、分项收入和访谈村干部的办法进行三方面验证，数据差别较大的剔除无效样本，以保证收入指标数据的准确性。共回收有效问卷 1089 份，问卷有效率为 83%。

二　调查样本情况

（一）户主性别与年龄

在 1089 个有效调查样本中，男性户主占 86%，女性户主占 14%（见图 5-1）。调查样本中，户主平均年龄为 53 岁。其中，按年龄段占比分：30 岁以下的户主占比 1.4%，30~39 岁的户主占比 12.9%，40~49 岁的户主占比 23.4%，50~59 岁的户主占比 30.6%，60~69 岁的户主占比 21.8%，70~79 岁的户主占比 8.3%，80 岁及以上的户主占比 1.7%。同时，60 岁及以下的户主占比 68.3%，60 岁及以上的户主占比为 31.7%（其中，65 岁及以上人口占 15.2%）（见表 5-1）。

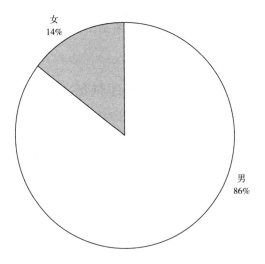

图 5-1　男性户主与女性户主占比

表 5-1 户主年龄分布

单位：人

年龄	男	女	合计
<30 岁	6	9	15
30~39 岁	117	24	141
40~49 岁	237	18	255
50~59 岁	300	33	333
60~69 岁	186	51	237
70~80 岁	78	12	90
≥80 岁	9	9	18
总计	933	156	1089

户主按照性别进行年龄分析，男性 50 岁及以下人口占比 38.6%，50 岁及以上人口占比 61.4%，女性 50 岁以下人口占比 32.7%，50 岁及以上人口占比 67.3%。男性人口和女性人口 50 岁及以上的占比分别大于 50 岁以下，并且，女性人口 50 岁及以上的比重大于男性人口。

（二）户主受教育程度

调查样本中户主文盲占比 18.7%，文化程度为小学的占比 39.7%，初中的占比 32.2%，三者合计占比为 90.6%；文化程度为高中或中专的占比为 7.4%；文化程度为大专及以上的占比为 1.9%（见图 5-2）。

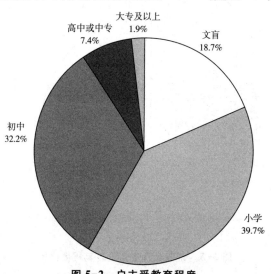

图 5-2 户主受教育程度

从性别看，调查样本中男性与女性文化程度有一定差距。受小学及以上教育的男性占样本比例为 83.9%，女性占比为 65.4%；其中，文化程度为小学的，男性占比 40.5%，女性占比 34.6%；文化程度为初中的，男性占比 34.1%，女性占比 21.2%。

（三）户主健康状况及劳动能力

调查样本中，户主身体健康的占比为 70.3%，身体一般健康的占比为 20.9%，户主身体不健康的占比为 8.8%。同时，在调查样本中，有劳动能力的户主占比 78.8%，无劳动能力的户主占比 21.2%。其中，有劳动能力的男性户主占男户主总人数比例为 91.0%，女性户主占比 73.1%。调查样本中男性具备劳动能力的比例比女性更高。

（四）规模经营与合作经济参与

调查样本数据中，约 91.3% 的农村居民家庭不以家庭农场或种养殖大户的主体形式经营，仅有约 8.7% 的家庭以新型经营主体方式从事经营。从受教育程度看，以家庭农场或种养殖大户为经营主体的农户以小学文化程度为主，占比 69.5%，接受过初中文化教育的家庭农场主或种养殖大户占比 30.5%（见图 5-3）。调查样本中，参加合作社的占比 17.1%，未参加合作社的占比 82.9%。

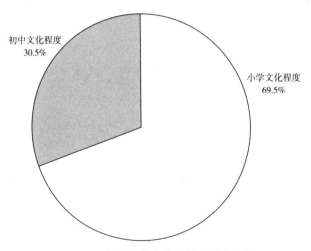

图 5-3　新型经营主体受教育程度比例

（五）金融支持

调查样本数据表明，没有参与农户小额信贷业务或其他金融借贷业务的农村居民家庭占比较大。总体上看，有金融支持的农村居民家庭占比14.9%，没有金融支持的农村居民家庭占比85.1%（见图5-4）。调查样本数据表明，农村居民家庭是否有金融支持与农户户主劳动能力可能具有相关性。获得金融支持的农村居民家庭中，74.1%的家庭户主具备劳动能力，25.9%家庭户主无劳动能力。

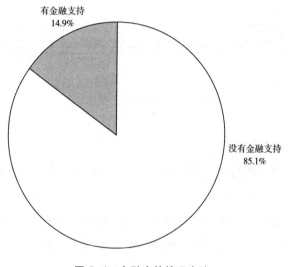

有金融支持
14.9%

没有金融支持
85.1%

图5-4　金融支持情况占比

（六）家庭收入

调查样本中，2019年家庭人均年收入为29881元。其中，人均年收入在29000元以下的农村居民家庭占比60.1%，人均年收入在29000~39000元的农村居民家庭占比12.7%，人均年收入在39000~49000元的农村居民家庭占比8.4%，人均年收入在49000~59000元的农村居民家庭占比6.9%，人均年收入在59000~69000元的农村居民家庭占比1.9%，人均年收入在69000~79000元的农村居民家庭占比3.1%，人均年收入在79000~89000元的农村居民家庭占比1.9%，人均年收入在89000~99000元的农村居民家庭占比 3.1%，人均年收入在 99000~109000 元的农村居民家庭占比 1.1%，人均年收入在 109000 元及以上的农村居民家庭占比 0.8%（见图 5-5）。

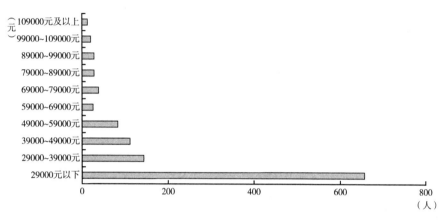

图 5-5　农户家庭收入情况分布

（七）交通条件

有效调查样本数据中，36.1%的农户家庭在半小时车程之内可达高速公路入口，63.9%的农户家庭在半小时车程之内不可达高速公路入口。在家庭平均年收入分组中，年收入在 29000 元以下的农户家庭中，79.8%的农户家庭在半小时车程之内不可达高速公路，20.2%的农户家庭在半小时车程之内可达高速公路；年收入在 29000~39000 元的农户家庭中，56.5%的农户家庭在半小时车程之内不可达高速公路，43.5%的农户家庭在半小时车程之内可达高速公路；年收入在 39000~49000 元的农户家庭中，37.1%的农户家庭在半小时车程之内不可达高速公路，62.9%的农户家庭在半小时车程之内可达高速公路；年收入在 49000~59000 元的农户家庭中，32.0%的农户家庭在半小时车程之内不可达高速公路，68.0%的农户家庭在半小时车程之内可达高速公路；年收入在 59000 以上元的农户家庭中，28.2%的农户家庭在半小时车程之内不可达高速公路，71.8%的农户家庭在半小时车程之内可达高速公路。

三 变量选取和数据处理

（一）变量选取

本章选取农户家庭人均收入作为被解释变量。为了估计交通基础设施对农民收入的影响机制，核心解释变量选取高速公路可达性进行分析。除了交通基础设施之外，年龄、性别、受教育程度、健康状况、经营规模、合作经济参与程度以及金融支持等其他诸多因素也会影响农民收入增长。基于本研究问题和方法，借鉴已有文献研究成果，本章选取年龄、性别、受教育年限、健康状况作为控制变量中描述农户个人特征的影响因素，将是否大户或家庭农场作为控制变量中描述农户规模经营的影响因素，将是否参加了合作社作为控制变量中描述合作经济参与度的影响因素，将有无金融支持作为控制变量中描述农村金融发展的影响因素。

选取受教育年限作为调节变量。交通基础设施和农民收入的关系往往会受到教育水平的影响。基础设施能否更好地促进要素流动，实现农民增收，很大程度上取决于基础设施使用效率，而使用效率很大程度上取决于使用者的受教育水平。前文关于交通基础设施收入影响效应文献的研究中，可以看到交通基础设施通过教育水平产生的增收效应在农村地区存在不确定性。因此，为了深入考察交通基础设施对农村居民收入的影响，以及教育水平的提高是否对这种影响具有增强效应，本章将农民受教育年限作为调节变量，引入交互效应模型对三者的关系进行实证研究。

（二）数据处理

根据调查问卷的问题设置，通过设置虚拟变量和对选项赋值的方式将获得的答案进行量化。其中"高速公路可达性"设置为虚拟变量，"可达"记为"1"，"不可达"记为"0"；性别设置为虚拟变量，"女"记为"1"，"男"记为"0"；健康状况中"不健康"记为"-1"，"一般"记为"0"，"健康"记为"1"；"是否大户或家庭农场"设置为虚拟变量，"大户或家庭农场"记为"1"，"非大户或家庭农场"记为"0"；"是否参加合作社"设置为虚拟变量，"参加合作社"记为"1"，"不参加合作社"记为"0"；"有无金融支持"

设置为虚拟变量，"获得金融支持"记为"1"，"没有获得金融支持"记为"0"；"受教育年限"按照受教育年限衡量，其中文盲及小学记为 6 年，初中记为 9 年，高中或中专记为 12 年，大专及以上记为 15 年。

四　模型设定

借鉴温忠麟、侯杰泰等（2005）关于调节效应的检验方法，本章在回归模型中加入交通基础设施变量与受教育年限变量的交互项，联合检验交通基础设施变量的系数以及交互项系数，以反映可能存在的调节效应。为避免数据中可能的异方差和数据波动，对被解释变量农户家庭人均收入进行对数化处理。基准回归模型如下：

$$\ln I = \beta_0 + \beta_1 \mathrm{Infra} + \beta_2 Edu + \beta_3 \mathrm{Infra} \times Edu + \beta_j Z_j + \varepsilon$$

上式中，I、Infra、Edu、Z 分别为农户家庭人均收入、高速公路可达性、受教育年限和控制变量，β 为待估参数，ε 为随机扰动项。

第三节　实证结果与分析

一　农村高等级交通基础设施对农民收入影响的实证检验

在以上回归模型中，核心解释变量高速公路可达性为虚拟变量，调节变量虽然是定序变量，但由于取值较多且间隔比较均匀，近似作为连续变量处理。将核心解释变量和调节变量中心化后，基准回归模型做层次回归分析，得到如下回归结果（见表 5-2）。

表 5-2　农村高等级交通基础设施对农民收入影响的实证检验结果

项目	农户家庭人均收入					
	模型（1）		模型（2）		模型（3）	
	系数	t 统计值	系数	t 统计值	系数	t 统计值
高速公路可达性	0.2655***	3.92	0.2142***	3.08	0.0232	0.20

续表

项目	农户家庭人均收入					
	模型（1）		模型（2）		模型（3）	
	系数	t 统计值	系数	t 统计值	系数	t 统计值
受教育年限			0.0508 ***	2.81	0.0429 **	2.33
高速公路可达性 * 受教育年限					0.0254 **	2.08
年龄	0.0013	0.43	0.0040	1.28	0.0038	1.20
性别	0.0297	0.35	0.0452	0.54	0.0603	0.72
健康状况	0.2035 ***	3.22	0.1807 ***	2.86	0.1753 ***	2.79
是否大户或家庭农场	−0.3923	−1.17	−0.3665	−1.10	−0.3396	−1.03
是否参加合作社	−0.1462	−1.45	−0.1448	−1.45	−0.1427	−1.44
有无金融支持	0.2311 **	2.11	0.2486 **	2.29	0.2397 **	2.22
常数项	8.7621 ***	40.88	8.2557 ***	29.63	8.3194 ***	29.82
观测值	1089		1089		1089	
F 值	5.13		5.52		5.45	
Adj-R^2	0.0826		0.0998		0.1081	

注：*、**、*** 分别表示估计系数在 10%、5% 和 1% 水平上显著。

高等级交通基础设施可达性提高对农户家庭有显著的增收效应。高速公路可达性的回归系数在模型（1）和模型（2）中均为正，且在 1% 的显著性水平下显著，具有一定的稳健性。农村交通基础设施中，高速公路可达性的提高对农户家庭人均收入有促进作用，假说 1 成立。这一结论与王浩（2014）的研究结论相符，即高速公路对农民有积极的增收效应。存在这样的正向影响，可能基于以下三方面的原因：一是高速公路可达性的提高有益于农户降低采购生产资料和销售时的物流成本，促进农产品以电子商务的形式增加销售，从而提高经营性收入；二是高速公路可达性的提高，减少农户进入中心城镇就业的交通和生活成本，以及减少就业信息的搜寻成本，从而增加工资性收入；三是高速公路可达性提高扩展了农村地区市场空间，农产品在市场上的需求和供给信号等生产经营信息能够更加快速、准确传递，可以帮助农户及时调整投入产出结构，采用新技术、新产品，通过减少信息不对称和促进科技发展增加农户收入。

人力资本仍在持续发挥重要的正向作用。受教育年限纳入控制变量中后，在模型（2）中表现为显著正向影响。控制变量健康状况和有无金融支持在模型（1）和模型（2）中均为正且显著性水平相同。与此结论类似，李谷成、冯中朝等（2006）以湖北省农村时序数据实证检验认为，教育和健康投资不足是制约农民收入增长的重要因素。夏玉莲、张园（2018）基于1188户农户问卷调查实证分析认为，户主健康状况以及家庭初中文化程度以上人数是家庭人力资本中对收入影响较为显著的因素。关于中国农村金融发展是否对农民收入增加有正向影响，国内学术界在21世纪初期产生分歧性观点后，多位学者进行了针对金融产品的多种细化研究，其中，许崇正、高希武（2005），王虎、范从来（2006）等学者均认为农村金融发展与支持对增加农民收入有促进作用；贾立、王红明（2010）对西部地区数据实证分析认为，西部地区农村金融发展规模、结构以及农村投资水平与农民收入之间呈正相关关系；张立军、湛泳（2006）通过实证分析表明，小额信贷增加了农民家庭经营收入，有显著的减贫效应。本章在问卷微观调研数据基础上得到的结论与这些学者类似，小额信贷对农村地区农民增收具有积极的正向效应。

二 人力资本在高等级交通基础设施收入效应中的调节机制

研究人力资本因素对于交通基础设施发展与农户收入之间关系的调节效应，本质上是研究交通基础设施与人力资本在促进农户收入增加过程中的关系。模型（2）在引入受教育年限后，表现出对农户收入的强显著正向效应，高速公路可达性的系数减小，表明人力资本因素是关系农户收入水平的重要影响因素，如果忽视人力资本的正向影响，会放大交通基础设施发展对增加农户收入的积极作用。为了验证人力资本因素的调节作用，模型（2）和模型（3）报告了调节效应的回归结果，被解释变量为农户家庭人均收入，核心解释变量为高速公路可达性，调节变量为受教育年限。交互项"高速公路可达性＊受教育年限"显著为正，测定系数由 0.0998 增加至 0.1081，模型（3）显著高于模型（2）的测定系数，特别是模型（3）在引入交互项之后，核心解释变量高速公路可达性不再显著。这表明：对于受教育程度较高的农户，交通基础设施对外联通的水平越高，对农户增收的促进作用越强，人力资本和交通基础设施存在互补（协同）关系，假说 2 成立。一方面，农村地区教育水平相对落后，交通基础设施建设不仅能够促进信息和优质教育资源的流动，而且对人力资本提升形成补充作用，促进农户收入增加；另一方面，较高的教育水平意味着当地政府对教育的重视程度较高，农户在良好的受教育水平下，更能有效利用交通基础设施的便利性，优化自身外出务工等就业选择，从而增加收入。国家对农村地区人力资本投入以及交通基础设施建设的互补（协同）关系，通过相互作用对农户增收产生正效应。

第四节　本章研究结论与启示

单一加大农村地区交通基础设施存量，已经不能继续增强对经济发展的促进作用，要持续发挥交通基础设施对经济增长的贡献率，需要提升经济主体有效利用基础设施的能力。因此，本章从家庭禀赋视角分析交通基础设施发展对农户收入的增收效应，引入人力资本变量，对交通基础设施收入效应的调节机制进行验证。课题团队在秦巴山区的 3 个市、14 个县、113 个村随机选取样本农户 1312 户，从家庭情况、家庭经营与收入、资本（资产）情况、生活质量、健康状况、交通状况、地理环境基本情况等方面进行问卷调查，共回收有效问卷 1089 份，得出如下研究发现。

第一，以高速公路为代表的高等级交通基础设施对农户家庭具有显著的增收效应。高速公路是以点—轴形态分布的支持区域经济发展的重要基础设施，高速公路不同于国省道和农村公路系统，主要连接的是区域发展的中心城镇。因此，高速公路可达性的提高，从侧面反映的是农村与城镇之间资源流动的便捷程度，传递的是一直以来交通不便的农村地区与大中城市实现社会经济常态化交流的重要信号。本章微观调查数据的实证研究结果表明，高速公路可达性对农户家庭人均收入影响的回归系数在1%的显著性水平下，表现出正向作用，即高速公路可达性的提高对农户家庭人均收入有促进作用，高等级交通基础设施投资尚有促进农民增收的作用空间。

第二，人力资本对高等级交通基础设施作用于农户家庭人均收入这一传导机制产生影响，人力资本通过与高等级交通基础设施可达性的互动作用促进农户家庭人均收入增加。人力资本与高等级交通基础设施之间的互补关系表明，交通基础设施高质量发展是促进农户收入增长的重要驱动力，由于农村地区农户受教育水平相对较低，提升人力资本投资能够有效提升交通基础设施间接经济效益，带动农户收入增加。有必要提高对农村地区教育的投资强度，发挥人力资本对农民收入可持续增长的驱动效应。

以上我国农村地区交通基础设施发展对农户家庭人均收入影响的实证检验结果，表明我国目前农村地区大力投资建设的高速公路对区域内农户增收减贫效应显著为正，且人力资本的正向调节作用较强。在人力资本异质性的条件下，高等级交通基础设施便利化可能会拉大农村内部家庭收入之间的差距。因此，本章提出以下政策启示。

第一，继续加大对欠发达地区高等级交通基础设施的建设，加大对高速公路通达联网的建设投资。目前全国县一级行政区尚未全部实现"县县通高速"，高速公路能够有效促进欠发达地区与中心城镇和工业中心的联系，促进外向型经济发展和旅游业发展，为有效推动农村地区将绿色生态资源转化为"金山银山"创造条件，促进农村就业人口由农村向城镇转移，由农业向工业转移，由第一产业向第二、第三产业转移，促使农村就业结构和产业结构继续优化，从而实现农民收入的可持续增长。

第二，继续提高欠发达地区人力资本高质量投资，实现人力资本与交通基础设施良好的互补效应，促进农民可持续增收。交通基础设施由于投资体量较大，具有显著的挤占效应，如果过于强调以投资拉动的经济增长模式，将会牺牲社会公平和乡村发展目标，不能在乡村振兴战略实施过程中，实现乡村可持续发展目标。因此，在扭转城市导向的交通基础设施投资决策倾向的前提下，在优化农村地区交通基础设施空间布局的同时，加强农村教育资源高质量有效供给，提供多元主体参与的学校教育支持网络，形成向农村地区输入高质量教育资源的长效机制。

第六章

农村交通基础设施发展的案例研究

第一节　陕西省农村公路发展调研报告

党的十八大以来，以习近平同志为核心的党中央根据国内外形势变化，提出全面建成小康社会的目标要求。2017 年党的十九大在新时代背景下，针对"三农"工作，提出了全面实施乡村振兴战略，明确了"产业兴旺、生态宜居、乡风文明、治理有效、生活富裕"的总要求。基础设施是推进生态宜居美丽乡村建设的重要短板，无论是打赢脱贫攻坚战、全面建成小康社会，还是实施乡村振兴战略，首先要以改造提升农村基础设施网络为抓手，推动基础设施向农村延伸，为推进农业农村现代化提供基础支撑。

农村公路作为与农民生产、生活密切相关的交通基础设施，是农村经济社会发展的基础性、先导性和公益性产品，直接关系广大人民群众的切身利益，对提升农村内生发展动力具有重要意义。农村公路是推动农民脱贫致富和加快农业农村现代化的重要保障。习近平总书记对农村公路高度重视，2014 年提出"四好农村路"，党的十八大以来多次就"四好农村路"建设做出重要批示，要求把农村公路建好、管好、护好、运营好，为广大农民致富奔小康和加快推进农业农村现代化提供更好保障。在中央政府和地方政府的强力推动下，近年来我国农村公路的快速发展不仅直接改变了农村地区交通落后面貌，还有效带动农村特色农业规模化、产业化、现代化发展，农民群众脱贫致富"自生能力"增强。

随着脱贫攻坚完成，陕西消除了绝对贫困人口，但关中、陕南、陕北区域之间发展不平衡问题和发展结构问题相对凸显。因此，解析资源配置的规模与结构，尤其是农村公路作为公共产品供给的影响，剖析其作用机理和对经济社会运行的作用，明确地区发展与交通资源配置失调之处，有助于更好地实现政策干预，推动乡村振兴落地实施。

一　陕西农村公路发展形势研判

农村公路是农村地区的公益性基础设施，是支撑我国农业和村镇经济发展的重要保障。截至 2018 年底，陕西农村公路总里程超过 15.7 万公里，实现了 100% 县（市、区）通二级公路、100% 乡镇和行政村通沥青（水泥）路，贫困地区公路建设不断完善、健全。但随着陕西省农业农村需求变化，农业农村供给侧的深刻变革也在同步进行。通过对陕西农村公路的综合评估分析，通过内部资源和外部环境有机结合来确定陕西农村公路的资源优势和短板，了解农村公路在发展中面临的机会和挑战，有利于从战略和战术层面保障农村公路在当前乡村振兴时代背景下，实现高质量发展。

（一）陕西农村公路发展的基础与优势

1. 基础建设良好

自国家实施西部大开发战略以来，我国加大了对西部地区基础设施建设的投资力度，政策的扶持和投资的增加促进了我国西部地区交通事业的发展。陕西省近年公路里程由 2010 年的 14.75 万公里增加至 2018 年的 17.71 万公里，增长 20.1%，特别是在"十二五"初期，即 2010~2013 年增长速度较快（见图 6-1），等级公路里程逐年增加（见图 6-2）。"十一五"期间，在"一个龙头，两个重点"的工作思路指导下，陕西强力推进农村公路建设，交通运输状况明显改善；"十二五"期间，陕西综合交通运输网络、农村普通公路持续健康发展；"十三五"以来，全省进一步加快革命老区、深度贫困地区和广大农村地区交通运输发展，服务好精准脱贫攻坚战。在国家发展战略倾向于中西部地区、偏远贫困地区的规划下，农村、农业、农民之所需成为社会建设中的重点内容，农村公路交通建设得到了大力支持。

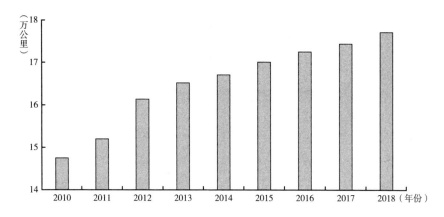

图 6-1　2010~2018 年陕西省公路总里程

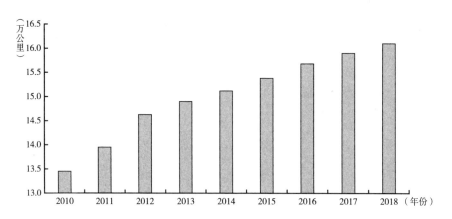

图 6-2　2010~2018 年陕西省等级公路里程

2. 经济需求强劲

陕西作为西北五省区龙头省份，经济增长引领整个西北地区发展（见图6-3）。经济发展对资源的需求和旅游业的日渐兴旺，对于陕西经济增长、农村公路建设都有很强的推动力。陕西是我国矿产资源大省之一，陕北、渭北地区煤炭、天然气储量在全国总储量中占有较高比重，是我国西气东输、西电东送的重要环节，陕西中部和西南部地区也有种类丰富的矿产资源；陕西地跨黄河、长江两大流域，以秦岭跨越我国南北界线，又是中华民族的摇篮和中华文明的发祥地，历史悠久，自然环境和人文景观的丰富度高、观赏性强，吸引了国内外大量游客。

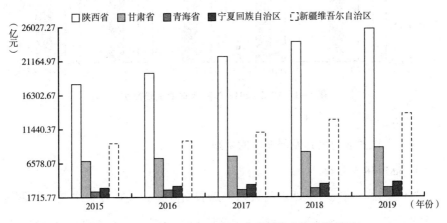

图6-3　2015~2019年西北五省区国民生产总值情况

3. 运输需求增长

陕西作为位于我国中部的内陆型省份，地理位置优越，东隔黄河与山西省相望，北与内蒙古自治区相连，西与宁夏回族自治区和甘肃省相邻，南以米仓山、大巴山主脊与四川省接界，东南与湖北省、河南省相接，是我国中东部地区与西部地区经济交流和贸易往来的重要省份，作为"一带一路"的起点，陕西也是向西开发的前沿，陕西经济的发展，对拉动整个西部地区经济的发展具有重要的战略意义。2018年，陕西货物运输总量17.33亿吨（见图6-4），比上年增长6.2%；货物运输周转量4025.99亿吨千米，增长

7.0%；旅客运输总量 7.28 亿人，增长 2.3%；旅客运输周转量 957.71 亿人千米，增长 5.5%。公路运输在其中承担了绝大部分运输量。近年来，随着物流运输行业的快速发展，公路承载量逐步上升，尤其是农村地区，货运市场发展潜力巨大。

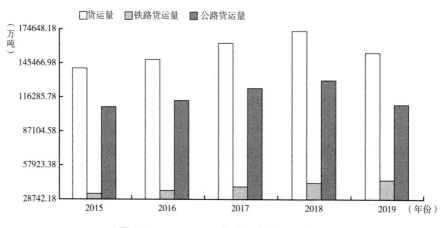

图 6-4　2015～2019 年陕西省货运量情况

（二）陕西农村公路发展面临的挑战

1. 地理环境复杂

"十三五"期间，陕西农村公路聚焦脱贫攻坚，而陕西集中连片特困地区主要涵盖革命老区、生态保护区，这部分区域内部环境复杂，一方面，地形、地质条件复杂，工程建设难度大，每公里建设资金需求成倍增加，严重制约了农村公路的建设数量；另一方面，工程建设中要着重保护这部分地区的生态平衡，考虑到水土保持、防风抗沙等生态功能，施工难度增加。因而农村公路建设担子重，在有限的资金投入下，农村公路建设的数量和质量易受到制约。

2. 发展质量不高，建设速度慢

农村公路建设里程和等级公路里程，全国排名前四位的分别是四川省、山东省、湖北省、河南省，农村公路等级公路比例排名前四位分别是北京市、天津市、上海市和宁夏回族自治区，山东省农村公路在总体规模全国排名靠前的情况下，保持了较高的等级公路比例，体现了山东农村公路建设的高水平。陕西农村公路建设里程和等级公路里程全国排名中间靠前，但是等级公路比例排名较后，也就是说，陕西农村公路的等外公路占比较高，凸显了陕西农村公路建设质量不高的"短板"（见表6-1）。在经济社会稳中向好发展的当下，陕西面临空前的发展机遇，农村公路重要性愈加凸显，建设与陕西经济社会发展、人民群众需求相适应的广覆盖、高质量的农村公路已成为全省发展亟须解决的关键问题。

表6-1　2018年陕西农村公路基本情况与全国排名

省份	里程名次	等级公路里程名次	等级公路比例名次
四川	1	1	18
山东	2	2	6
湖北	3	3	12
河南	4	4	22
陕西	12	11	20

陕西农村公路建设受早期社会历史条件制约，农村公路从极小规模起步，存在建设技术水平不高、财力有限、监督不到位等问题，到现在只完成了乡（镇）村通畅工程，也就是只解决了进出问题，"十三五"时期，在社会需求明显由数量增长向质量增长的前提下，农村公路投资速度减慢，与西北地区其他省份相比，农村等级公路比例排位落后于经济发展排位（见表6-2）。陕西公路总里程占全国公路总里程比例在2013年后下降速度较快（见图6-5），其中的一个重要原因是，2005年后统计数据中全国公路里程纳入村道，陕西在2006~2010年"十一五"时期提前大规模实施通村公路建设工程，是全国农村公路建设的样本，而全国普遍是在"十二五"时期进行大面积的通村路建设。这从侧面说明，陕西农村公路建设在"十一五"时期和"十二五"初期，发展速度较快，但在"十二五"中后期以来，建设速度较之前有所落后。

表6-2　2018年西北五省农村公路基本情况全国排名

省份	里程	等级公路里程	等级公路比例	沥青水泥铺装率	GDP
陕西	12	11	20	18	15
甘肃	19	20	24	22	27
青海	25	26	28	29	30
宁夏	28	28	4	14	29
新疆	13	16	30	26	26

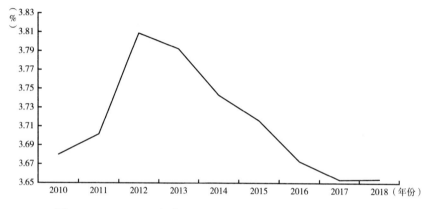

图6-5　2010~2018年陕西公路总里程占全国公路总里程的比例

（三）陕西农村公路发展的机遇

1. 国家政策支持

"十三五"规划实施以来，无论是经济还是公路交通都有了更进一步发展。"十三五"对经济发展的规划将为西部地区的发展带来更大的资金投入，国家经济杠杆对西部地区经济发展的不断调整，逐渐加大了支持西部建设的力度，为经济发展提供强有力的政策保障和资金支持，陕西作为西部大省，又处在"一带一路"快速推进时期的起点，受益其中。党的十八大以来，"三农"问题的再聚焦和乡村振兴战略的提出，更是为西部地区农村建设提供了重要发展机遇。在"交通强国"战略的指导下，陕西省政府提出"交通强省"的建设目标，农村公路建设的政策不断趋好、靶向愈加精准。

2. 区位优势明显

陕西周边相邻省份多，因此辐射范围较广，是一个重要的交通运输枢纽，在资源、劳动力的聚集和分散上起到重要作用，在东西部地区发展中能够促成联合优势互补的局面。陕西是我国中西部地区的前沿，虽不与邻国直接接壤，但随着新亚欧大陆桥的建设开通和"一带一路"倡议的提出，陕西这一独特的地理方位优势逐渐凸显，在我国西部地区的公路网络已初具规模的大环境下，陕西与周边省份和国家的经济交往与贸易合作日益频繁，交通事业的发展在与周边省份和邻近国家经济交流和贸易合作中的重要性日益凸显，对于拉动中西部发展和加强与邻近国家经济互补有重要意义。

3. 需求转型升级

随着"全域旅游"的推广，发展乡村文旅事业也成为乡村振兴的内容之一，陕西拥有跨度广的自然风光和悠久的人文历史，秦巴特色、周礼发源、革命教育在乡村中有更为原始、真实和鲜活的生命力，农村旅游市场需求日益旺盛，政府的扶持和开发力度也逐渐加大，同时，广大农民群众对搞活农产品流通、提高农业综合效益也有强烈需求，农村居民消费升级也对出行和美好生活有更高追求，因此，在产业升级、农业增效、消费升级的推动下，农村公路建设迎来前所未有的发展机遇。

（四）陕西农村公路发展的难题

1. 管理养护难题

随着农村公路建设规模的逐年增加，其养护里程增长、地域分布散而广、自然条件愈发艰苦、养护难度和资金需求增加较快，现有财政资金难以满足"养好、管好"已建成农村公路的需求，存在已有成果难以持续维护好的风险。按照设计使用年限 8~10 年测算，"十一五"期间集中突破、合力攻坚实施的农村公路改造项目已经进入周期性养护高峰和大修、改造期，油返砂的压力巨大。加上陕西农村公路总规模的庞大体量，农村公路日常巡查、小修保养、路面保洁、路肩修整、绿化安保等养护管理工作任务繁重，在"四好农村路"品质工程的要求下，需要投入大量人力、物力和财力，以维护好已建成农村公路的先期成果。

2. 生态环境风险

公路建设因其规模广、占地面积大，对周围的环境有着直接的影响，国外发达国家在对农村公路规划和建设的过程中，都将环境问题作为重要的问题充分考虑在内，秉持人与自然和谐共存的原则，在保证维护生态环境的基本条件下开展公路建设。陕西农村公路建设的瓶颈在特殊贫困地区，包括秦巴山区的核心腹地，吕梁山区和六盘山片区的山区县，这部分地区的发展本身受制于地理位置和生态屏障，如果在农村公路规划和建设方面没有将环境问题考虑在内，要承担生态修复消耗的人力、物力、财力，更要考虑工程所引发的环境污染和水土流失的风险。

二 陕西农村公路发展实践与成效

陕西交通运输系统紧紧围绕"奋力建设交通强省、办好人民满意交通"的总目标，统筹推进稳增长、促改革、调结构、惠民生、防风险各项工作，攻坚克难，砥砺奋进，持续高度重视农村公路建设在促进全省经济社会发展、全面建成小康社会、助力农村脱贫攻坚中的积极作用，紧抓国家乡村振兴战略机遇期，配合全省"交通强省"战略定位，紧盯目标、真抓实干，坚持"统筹兼顾、协调发展，政府主导、社会参与，深化改革、探索创新，以人为本、惠及民生"的原则，进一步落实地方政府责任，完善政策体制机制，强化质量安全管理，全面提升农村公路建设、管理、养护、运营水平。

（一）公路建设实践与成效

在农村公路建设方面，陕西不断延伸农村公路通达深度，建制村通村公路、深度贫困村通村组公路建设不断推进；保证新改建农村公路满足等级公路要求，严格执行国家有关标准和规范，统筹规划建设公路交通安全设施，将公路安全生命防护工程与公路建设主体工程同时设计、同时施工、同时投入使用；不断提升农村公路服务品质，全面整治通村公路"油返砂"路段，大力实施通村公路完善、公路安全生命防护、桥涵配套及危桥改造等工程，临水、临崖、急弯、陡坡等特殊路段的标志标线、防护设施得到完善，安全基础设施明显改善，安全通行能力显著提高；严格实施公路质量管理，加强农村公路建设市场监管，建立建设、设计、施工、监理、咨询和检测等从业单位违法失信"黑名单"制度；积极配足专业技术管理人员，明确质量和安全责任人，切实落实质量安全责任；推行农村公路建设"七公开"制度，健全完善"六位一体"质量保障体系。

党的十八大以来，陕西共计投入农村公路建设资金650亿元，新建改建和完善农村公路超过7万公里、桥梁超过7万延米，解决了8651个建制村的对外通畅问题。根据省交通运输厅交通年鉴数据，2015～2018年，全省建制村通畅率由2015年的93.4%增长至2016年的96.1%，再到2018年的100%，道路通畅率逐年提升，如期完成预定目标，工作成效明显。进一步，在打赢脱贫攻坚战关键时期，陕西交通运输系统发扬连续作战精神，出台各项保障措施，攻坚克难，助力乡村振兴战略的实施，取得阶段性成果。

（二）公路管理实践与成效

在农村公路管理方面，陕西着力于落实管理主体责任，坚持"以县为主、省市支持"的发展模式，全面落实县（区）政府主体责任，充分发挥其在农村公路发展中的主导作用，将省、市支持方向与县（区）政府的发展规划相统一；不断完善管理体系，明确县、乡、村三级农村公路管理责任划分，确保农村公路管理工作正常开展；加强依法治路建设，完善农村公路路政管理制度和乡规民约、村规民约，按照县统一执法，乡、村协助执法的工作方式，建立县有路政员、乡有监管员、村有专管员的路产路权保护队伍，发挥乡镇道路交通安全委员会办公室的作用，及时发现、制止、纠正并依法查处各类涉路违法行为，做好农村公路路域环境治理工作；强化农村道路交通安全管理，进一步加大农村道路交通安全基础设施建设力度，完善农村道路交通安全组织体系，整合资源充实农村道路交通安全监管力量，强化农村客货运安全监管，农村公路道路安全性稳步提升；运用现代信息技术手段，加大农村公路管理精准力度，建设全省交通大数据平台，农村公路管理科学性、实时性、全局性水平持续提升。

（三）公路养护实践与成效

在农村公路养护方面，进一步健全"县为主体、行业指导、部门协作、社会参与"的养护工作机制，推进农村公路养护市场化、社会化改革，逐步实现规范化、专业化、机械化、市场化，日常保养采取集体、家庭或个人分段承包等方式实施，优胜劣汰，逐步建立相对稳定的群众性养护队伍；不断提升养护管理水平，注重农村公路预防性养护和再生利用技术，科学制定养护计划，提升养护质量和资金使用效益；加强农村公路桥梁隧道养护管理，逐步推行桥隧养护工程师制度；建立农村公路养护管理监督检查、考核评比机制，积极开展农村公路养护管理劳动竞赛活动，通过"以奖代补"方式鼓励养护生产；推进工程施工质量管理，强化人员设备配备，抓好关键施工环节和施工工艺，落实县级农村公路质量监督责任，定期或不定期地对工程质量进行抽查，严控原材料质量，对水泥、碎石、石灰、砂等主要材料按规定频率进行试验、检测和抽查，并建立材料质量档案，多举措提高农村公路养护水平。

（四）公路运营实践与成效

在农村公路运营方面，陕西交通运输厅大力推进"路、站、运"协调发展，支持乡镇综合客运服务站及农村客运招呼站建设，将农村客运站点与新改建农村公路项目同步规划、同步设计、同步建设、同步交付使用，与农村公路同步养护；推进城乡客运均等化服务，将农村客运纳入政府公共服务范围，推进城乡客运一体化发展，推动交通公共设施向农村延伸、交通公共服务向农村覆盖，在城镇化水平较高地区推行农村客运公交化，鼓励有条件的地区在镇域内发展镇村公交，倾斜支持通村客运，建立农村客运发展长效机制；大力发展农村物流，积极推进"互联网+农村物流"和"运邮合作"，鼓励大型企业利用网络优势，建立集连锁经营、配送到户、科技服务于一体的农村物流新体系；加快农村物流信息化建设，整合区域货运资源，积极探索农村物流与农产品冷链物流相结合的发展模式，形成农副产品和生活用品的双向流通渠道，充分发挥农村公路在助推农村经济发展、实现乡村振兴战略中的积极作用。在农村公路运营中，陕西深入推进城乡运输一体化，完善农村物流服务体系，支持农村物流与商贸、供销、邮政多业融合，联动发展。2018 年，全省乡镇通班车率达 100%，建制村通客车率达 97.1%；新建成乡镇综合客运服务站 14 个，培育农村物流试点企业 12 家，进一步满足了乡村群众对客运、物流、邮政快递等服务的需求，农业公路服务水平进一步提升。

三　陕西农村公路发展存在的问题

2020 年，我国全面建成小康社会，"十三五"时期经济社会发展主要目标已经完成。近二十年，陕西农村公路建设取得了令人瞩目的成就，极大地促进了陕西地方经济的发展，但也不可否认，农村公路建设现状距离人民群众的新需求和新期待还有较大差距，与推进城乡公共交通服务均等化、统筹城乡一体化、宜居宜业乡村建设要求还有一定距离，主要表现在部分质量性指标和规模性指标上存在差距。在发展过程中，陕西农村公路资金投入不足，无法有效满足道路建设需要；农村公路总里程数仍需增加，路网保障能力有待加强；公路技术等级较低，结构不尽合理；公路养管体制机制有待完善等问题日益凸显，成为制约陕西农村公路进一步发展的重要影响因素。

（一）全面建成小康社会的指标完成情况

党的十八届五中全会在我国经济社会发展面对的新形势新背景下，赋予"小康"更高标准和更丰富内涵。小康社会的理论内涵经历了从"总体"到"全面"，从"三位一体"到"五位一体"、从"建设"到"建成"的发展。"小康社会"不仅仅是一个经济概念，更是一个社会发展的范畴。十八届五中全会通过"十三五"规划建议，进一步明确了全面建成小康社会新的目标要求。根据建议，国家统计局与国家发改委联合发布了《农村全面建设小康社会统计监测指标体系》《全面建成小康社会统计监测指标体系》，构建了农村全面建成小康社会评价指标体系（见表 6-3）。

表 6-3　农村全面建成小康社会评价指标体系

一级指标	二级指标	单位	属性	目标值
经济发展	农村居民人均可支配收入	元/人	+	≥11838
	第一产业从业人员比重	%	-	≤35
	人口城镇化率	%	+	≥60
	农业科技进步贡献率	%	+	≥60
	农业劳动生产率	万元/人	+	≥2
人民生活	农村居民家庭恩格尔系数	%	-	≤40
	农村人均住房面积	平方米	+	≥30
	城乡居民收入水平比	农村为 1	-	≤2.8
	脱贫率	%	+	≥100
	农村自来水普及率	%	+	≥80
社会发展	农村每万人医疗机构床位数	个	+	≥50
	农村地区 5 岁以下儿童死亡率	‰	-	≤12
	每千农村人口拥有执业医师数	人	+	≥1.95
	农村人口平均受教育年限	年	+	≥10.8
	农村居民文教娱乐消费支出比	%	+	≥16
	农村地区孕产妇死亡率	1/10 万	-	≤20
政治民主	参选村村民参选率	%	+	≥95
农村环境	农村无害化卫生厕所普及率	%	+	≥70
	农业灌溉用水有效利用系数	1	+	≥0.55
	每公顷化肥施用量	千克/公顷	-	≤225
	每公顷农药施用量	千克/公顷	-	≤5.2
	生活污水处理的村比例	%	+	≥50
	生活垃圾无害化处理的村比例	%	+	≥80

注："+"代表正指标,"-"代表逆指标。

根据国家"十三五"发展规划,交通运输部和陕西省交通运输厅分别制定了交通运输"十三五"规划和部分专项规划,根据涉及农村公路发展的相关国家和省级规划目标与发展基础,构建了"十三五"时期陕西农村公路保障全面建成小康社会的相关发展目标(见表 6-4)。

表 6-4　全面建成小康社会陕西农村公路质量性发展目标

指标	2015 年	2020 年发展目标
县城通二级及以上公路比例（%）	100	98 *
乡镇通硬化路比例（%）	100	100 *
重点镇通二级公路比例（%）	81	100 **
建制村通硬化路比例（%）	93	具备条件的全通 **
县乡公路技术状况指数 MQI	72	>72 **

注：* 为交通运输部"十三五"规划发展目标，** 为陕西省"十三五"规划发展目标。

资料来源：《交通运输部"十三五"交通扶贫规划》《陕西省"十三五"综合交通运输发展规划》《陕西省公路"十三五"发展规划》。

"十一五"和"十二五"时期，陕西农村公路发展速度较快，部分指标已经于"十三五"之前完成，如县城通二级及以上公路比例、乡镇通硬化路比例（见表 6-4）。重点镇通二级公路比例、建制村通硬化路比例、县乡公路技术状况指数 MQI 等依然是全面建成小康社会的"短板"，主要是农村公路质量性指标。需要说明的是，由于"十三五"规划中，公路总里程和密度指标没有专门列出农村公路总里程和密度发展目标，但不能因此认为农村公路在发展规模上已经饱和。相反，农村公路发展建设需要大量强化建设工程（见表 7-5）。陕西需要完善提升农村公路规模约 6 万公里。其中，改建县乡公路 5000 公里，实施建制村通畅工程 10000 公里，实施通村公路完善工程 20000 公里、生命安全防护工程 20000 公里，建设产业路、园区路 5000 公里。在专用道路建设上，实施国防公路、集中安置点对外道路工程 2000 公里，实施桥涵配套和改造危桥工程 4 万延米。

陕西农村公路主动服务全面建成小康社会和乡村振兴战略，提前实现所有建制村通沥青（水泥）路。截至 2020 年，脱贫攻坚五年内，陕西完善提升农村公路超过 6 万公里，其中，建成深度贫困村通组路 4645 公里，通村路"油返砂"路段整治 1.6 万公里，实现 100% 深度贫困村集中居住 30 户以上自然村通沥青（水泥）路，贫困地区交通基础设施条件明显改善。

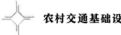

表 6-5　全面建成小康社会陕西农村公路规模性发展目标

一级指标	二级指标	单位	目标值
新改建项目	改建县乡公路	公里	5000
	建制村通畅工程	公里	10000
	通村公路完善工程	公里	20000
	生命安全防护工程	公里	20000
	产业路、园区路	公里	5000
特殊项目	国防公路、集中安置点对外道路	公里	2000
路网结构提升项目	桥涵配套和改造危桥	万延米	4

资料来源：《陕西省"十三五"综合交通运输发展规划》。

进入乡村振兴新发展阶段，充分发挥农村公路对农村经济社会发展的重要作用，要着力解决发展不平衡的问题。具体需要在进村入户通硬化路方面倾斜，在通往乡镇和重要建制村的道路技术等级提升等质量性指标上加强建设。

（二）公路资金投入

通过对陕西农村公路发展现状的分析，目前陕西农村公路仍存在等级水平低、等外路较多、路网完善程度不够以及资源未能得到开发利用等情况，未能有效适应农村社会经济的发展需求，成为农民生活水平提高的一大瓶颈。而究其原因不难发现，农村公路资金投入不足已成为限制农村公路发展的主要因素。资金的不足，将会在很大程度上影响农村公路的建设实施，制约农村公路的发展；同时，资金投入的不足也使各地市交通主管部门缺乏工作开展的必要物质基础，进一步影响了陕西农村公路的建设。具体来看，资金投入方面的不足主要表现在建设和养护的资金投入额不足和资金来源结构单一两个方面。

根据《陕西交通运输年鉴 2019》，按交通投资对 2018 年全国交通运输基本情况进行排名，全国 31 个省区市共计实现公路建设投资额 213351809 万元，陕西公路建设投资 6463635 万元，列全国第 15 位。[①] 总的来看，陕西

① 《陕西交通运输年鉴 2019》，陕西人民出版社，2019。

全省在公路建设投入方面处于全国中等水平，与东部沿海省份仍有较大差距。进一步，就陕西农村公路建设投入来看，根据公路交通运输部门的统计数据，2011~2018 年陕西农村公路建设投资分别为 28.8 亿元、39.7 亿元、70.6 亿元、85.1 亿元、92.1 亿元、101.8 亿元、121.2 亿元、210.6 亿元，占陕西公路水路固定资产投资比例分别为 5.7%、12.1%、23.5%、16.4%、16%、22.5%、21%、30.2%（见图 6-6）。2018 年 1 月至 12 月，陕西交通建设投资累计完成 6962651 万元，其中高速公路建设投资额为 3219621 万元，占全部投资完成额的 46.24%；干线网络改造投资额 1018954 万元，占全部投资完成额的 14.63%；农村公路建设投资额为 2105724 万元，占到总投资额的比例为 30.24%；汽车场站及其他年完成投资额为 132878 万元，占比 1.91%；城际铁路建设年累计投资 485474 万元，占比 6.97%。

图 6-6　2011~2018 年陕西农村公路建设投资情况

全省用于农村公路建设的资金投入力度有所加大，但相较于人民群众日益增长的对便利、安全、舒适的出行要求以及实现"四好农村路"建设目标的要求，当前资金投入仍显不足。另外，近年来砂石等建筑材料供应的严重不足、价格的大幅上涨，使公路项目的建设和养护成本攀升，全省交通项目建设困难叠加，更加剧了对稳投资的压力。

在农村公路发展资金来源结构方面，当前全省农村地区公路建设及养护的资金来源主要依靠政府的财政投入，财政资金的有限性使当前农村公路建设面临极大财力挑战。陕西农村地区，尤其是陕南、陕北区域的农村，相对于经济发展速度较快的城市地区地理位置偏僻、基础差、底子薄、政策支持少，导致其在自筹资金和吸引社会资本注入方面的能力比较弱，社会资本的积极作用在此并未得到充分发挥，形成了结构单一的资金来源，进一步加重了政府财政压力及农村公路发展工作推进难度。

（三）路网保障能力

路网保障能力是衡量一个地区道路交通发展水平的重要指标之一。从农村公路总里程来看，根据陕西公路统计资料数据，2018 年全国农村公路总里程数达到 4039670 公里，其中陕西为 157232 公里，陕西分区域农村公路总里程占比见图 6-7。陕西各市（区）农村公路网已具有相当规模。

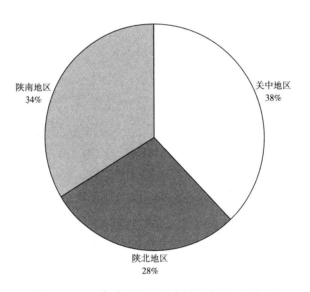

图 6-7　2018 年陕西分区域农村公路总里程占比

注：关中地区包括西安市、宝鸡市、咸阳市、杨凌区、渭南市、韩城市，陕北地区包括铜川市、延安市、榆林市，陕南地区包括商洛市、安康市、汉中市（本文分区域均按此标准划分）。

但关中、陕南、陕北地区路网密度差异较大，关中地区路网密度较高，其余两个区域路网密度在关中地区发展水平的 50% 以下。主要的原因是关中地区土地总面积相对较小，地势条件优良，加上人口密度和经济发展水平较高，对农村公路路网能力需求高，发展的基础比较好；陕北地区土地面积较大，但人口较少，因此路网密度较低；陕南地区由于地处秦巴山地区，地理条件相对恶劣，农村公路建设难度较大，导致路网密度较低。

从农村公路路网内部构成来看，目前陕西农村公路建设主要围绕县道、乡道开展，部分地区公路路网完善不足。近几年由于经济发展和产业布局的加快，农村公路出现了大量"产业路"、"旅游路"和"园区路"的需求，其建设和发展是产业落地和转型发展的前提条件，也是提升农村公路服务地方经济发展的重要内容。在省委、省政府的领导下，各地政府纷纷加紧布局、推进建设，但发展中仍存在部分"产业路""旅游路""景观路"等促进区域经济发展的重要交通节点尚未联入基础路网等问题亟须解决。

农村地区居民对农村公路建设的满意度仍未达到理想水平，在全部调查对象中，表示对农村公路建设满意的仅有 16.28%，居民满意度水平有待进一步提升。农村公路网仍存在总量不足、结构不完善和服务水平较低等突出问题。

（四）公路技术等级

公路技术等级的优化升级对提升地区交通发展质量具有重要推动作用，同时也对当前陕西实现交通脱贫战略目标、实施乡村振兴战略具有重要意义。从全省来看，陕北地区等级里程水平最高；关中地区渭南市和咸阳市等级里程占比低于全省平均水平；陕南三市等级里程水平明显低于其他两个区域（见图 6-8）。

下一步，针对各区域农村公路技术水平发展不均衡的问题，需要继续提升农村公路技术等级，特别是乡村振兴重点帮扶地区农村公路网等级水平，满足地区产业发展的需求。近几年，陕北地区能源化工产业、陕南地区循环经济产业和旅游业、渭北高原农业产业得到快速发展，已经对农村公路线形指标和路面宽度提出了更高要求，在课题组的实地调研中，四级路在经济增长较快的农村地区已经明显不适应当地产业发展需求。另外，具有一定人口规模的建制村在出行需求上，较以往对安全和速度提出了更高要求，在逐步缩小城乡交通基础设施差距的要求下，提高路网技术等级是发展农村交通的重要内容。

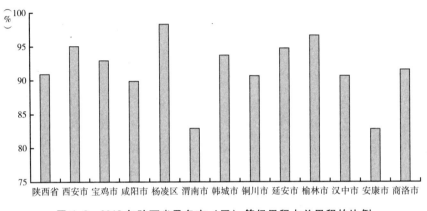

图 6-8　2018 年陕西省及各市（区）等级里程占总里程的比例

（五）公路养管体制

农村公路养护与管理是农村公路发展的重要内容，受一直以来重建轻养观念意识的影响，陕西农村公路养护在较长时期内处于薄弱地位，问题逐渐显现。2018 年，陕西农村公路养护管理里程在全国排第 12 位，关中地区占比 38%，陕南地区占比 33%，陕北地区占比 29%（见图 6-9），养护管理里程较长，负担较重。陕西省农村公路在"十一五"和"十二五"初期快速发展，建设里程增长速度较快，对保障脱贫攻坚和全面建成小康社会发挥了重要的基础性和先导性作用，经过十多年的使用，目前已经逐步进入养护管理的关键时期，但农村公路养护管理体制仍然存在不少困难和问题。

农村公路养护管理的主体权责界定不明晰，积极性未得到充分发挥。对于农村公路养护管理，有的区县以政府养护为主，有的区县以交通主管部门为主，有的以设置的农村公路管理机构为主，养护管理责任主体不明，有时候甚至出现多重管理或者管理缺失的现象；县级人民政府是农村公路养护管

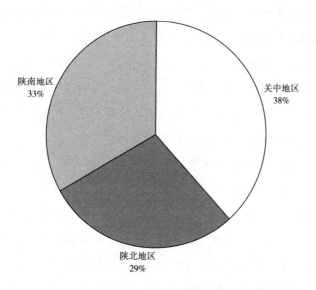

图 6-9　2018 年陕西农村公路分区域养护管理里程占比情况

理的责任主体，然而由于责任认识不清楚，养护管理重视程度不够，没有科学合理的统筹安排，导致农村公路养护管理混乱；同时，近年形成了很多农村养护管理机构，而该机构的工作大部分是由乡镇一名副镇长兼任，其下有 2~3 名乡镇干部成员，没有设置专业的全职人员，专业技术及工作力度不足，不能很好地承担公路养护工作，造成了农村公路失修失养。

陕西农村公路，尤其是陕南地区农村公路养护管理工作量大。农村公路日常巡查、小修保养、路面保洁、路肩修整、绿化安保等养护管理工作量大，任务相当繁重。同时，陕西早期建设的农村公路大多进入周期性养护高峰。另外，路政管理环节力量薄弱，由于各县区地理位置不同，且县、乡、村道线路多，地域分散，执法人员不足，特别是能源大县，一些货车针对路政执法车辆和人员不足的问题，长期超限超载运营，导致农村公路承受超出正常的荷载，使农村公路破损严重，路面坑洼不平，降低了公路通行能力及缩短了使用寿命，公路养护管理压力进一步加大。

农村公路养护管理人员不足。首先，面对大量的农村公路养护管理需求，仅仅依靠以政府交通主管部门为主体的农村公路管理人员，往往会造成公路巡查检查工作不及时、不到位的现状，亟须调动多元主体参与积极性；农村公路中的村道由于受历史、地理、人居等因素限制，大部分采取以村为单位进行日常性或集中性养护，受制于村民的年龄、文化程度，缺乏统一的养护培训和必要的养护机械设备，养护质量很难得到有效保证，更深层次的大中修养护更无法有效实施。其次，养护工程市场培育不足，养护装备的研发和推广面临诸多瓶颈，养护施工企业没有真正形成自主经营、自负盈亏、自我发展的现代化企业，缺乏面向社会、参与市场的竞争能力，专业化人员供给作用未有效发挥。再次，公路养护监督管理体制不健全。缺乏道路养护工程质量监管的常态机制，评价考核机制缺乏，县级交通运输主管部门业务技术力量薄弱，部分甚至没有工程质量监督管理站，无法对工程进行有效监督，从而保证工程实施质量。最后，陕西的农村公路养护管理信息化程度低，存在交流沟通不及时的短板，对于紧急情况无法保证道路畅通，应急保畅能力不足。

（六）满意度评价与分析

农村交通条件是反映农村社会经济发展水平的重要标志之一，是农村居民出行和享受生活的基本保障。国外对交通便捷性的研究有很多，不仅包括高速铁路网对城市交通可达性的影响研究，也包括公路网对城市交通便捷性的影响研究。自"十一五"之后，随着农村交通发展水平的提高和"十三五"交通脱贫攻坚实施，农村公路的发展得到快速推进，但目前基于问卷调查的主观农村交通满意度测度研究较少。本课题在农村公路便捷性、安全性、路面质量和对农户发展的支持作用的指标基础上，通过课题组在渭南、宝鸡、安康的依托工程，对工程实施周边的乡镇和农村公路沿线发放问卷，发放调查问卷550份，有效问卷520份，有效率94.5%。

1. 描述性分析

受访农户家庭基本信息见表6-6。从此次样本的贫困识别信息来看，受访对象中不享受扶贫待遇（非贫困户）的农户居多，有317人，占比61%。享受国家级与省级扶贫待遇的农户数量基本持平，分别占比19%和20%。家庭总人口平均以3~4人为主，3口之家和4口之家分别占比28%和24%；接着是2口之家，占比17%。由此表明，被调查农户以中小型家庭为主。同时，大部分家庭的成员为农业户口，其中有 57% 的农户家庭中有正在接受教育的人，数量为 1~2 个。

表 6-6 受访农户家庭基本信息

单位：人，%

项目		频数	比例
您家享受的扶贫标准是？	不享受	317	61
	国家农村扶贫标准	99	19
	省级农村扶贫标准	104	20
家庭总人口数目	家庭总人口为 1 人	42	8
	家庭总人口为 2 人	88	17
	家庭总人口为 3 人	146	28
	家庭总人口为 4 人	124	24
	家庭总人口为 5 人	52	10
	家庭总人口为 6 人	42	8
	家庭总人口为 7 人	26	5
家庭中正在上学的人数	家庭中正在上学有 0 人	223	43
	家庭中正在上学有 1 人	203	39
	家庭中正在上学有 2 人	94	18

受访农户的家庭全部成员情况如表 6-7 所示。受访农户家庭的平均年龄为 40.24 岁，其中 20~40 岁和 40~60 岁的分别占比 34% 和 35%；接着是 60 岁以上，占比 17%。总体而言，农户家庭成员年龄偏大。从性别角度分析，男性占比 58%，女性占比 42%，农户家庭中男劳动力居多。从文化程度分析，受访农户家庭成员文化程度普遍不高，以小学和初中为主，总占比达到 64%。文盲占比 18%，高中文化及以上的占比只有 18%，教育普及程度并不能达到国家要求，接受高中以上甚至更高等教育的个体比较少，大部分样本仍然处于只上过初中的平均教育水平阶段。从身体健康方面分析，可以发现受访样本中身体健康的占比 57%，体弱多病和残疾人的占比 43%，其中具有劳动能力的占比 67%。从就业情况来看，受访样本在家务农占比 38%，其次是其他，主要包括在家带小孩、无业、外出求学等，占比 37%，

接下来是外出务工，占比22%，最后是个体经营，占比3%，从中可以发现受访农户经济来源比较少，其他情况占比之高也说明了受访农户家庭负担较大。非健康人数、无劳动能力人数和在家务农人数占比高和中老年人占比高直接相关，中老年人容易生病，劳动能力和就业能力也逐渐减弱甚至丧失，无法外出就业，只能在家务农。

表6-7　受访农户家庭全部成员基本信息

单位：人，%

项目		频数	比例
年龄	20岁及以下	73	14
	20~40岁	177	34
	40~60岁	182	35
	60岁以上	88	17
性别	男	302	58
	女	218	42
文化程度	文盲	94	18
	小学	177	34
	初中	156	30
	高中	31	6
	中专（职）	21	4
	大专及以上	41	8
身体状况	健康	296	57
	体弱多病	172	33
	残疾人	52	10
是否有劳动能力	有	348	67
	无	172	33
从业状况	在家务农	198	38
	外出务工	114	22
	个体经营	16	3
	其他	192	37

2. 满意度分析

农村公路满意度调查问卷主要涉及5个问题，分别从便捷性、安全设施、路面质量、对生产生活的影响和总体评价五个方面进行主观性评价。通过对调查问卷满意度的相关指标做统计分析发现，受访的农村居民对农村公路的总体满意度较高，特别是在对生产生活的积极影响方面，有74%的人认为，近几年农村公路建设和发展提高了农民收入，提升了生活质量。具体来讲，在便捷性、安全设施这两个方面肯定了农村公路的建设和发展，在一定程度上表明受访群众对地方政府在农村交通公共服务供给上给予了认可。需要注意的是，受访的农村居民对农村公路路面质量的满意度较低，有47%的人不满意路面质量，主要是对修建好近十年的老旧农村路面的满意度较低，说明在农村公路的养护工作上，地方政府需要继续创新管理养护办法，提升养护水平，加强农村公路的可持续发展能力（见表6-8）。

表6-8 农村公路满意度问卷调查结果

单位：人，%

项目	满意度	频数	比例
农村公路便捷性满意度	不满意	62	12
	一般	172	33
	满意	286	55
农村公路交通安全设施满意度	不满意	104	20
	一般	125	24
	满意	291	56
农村公路路面质量满意度	不满意	244	47
	一般	161	31
	满意	115	22
农村公路对生产生活影响满意度	不满意（没有积极影响）	88	17
	一般（说不清）	47	9
	满意（有积极影响）	385	74
农村公路的整体满意度	不满意	83	16
	一般	198	38
	满意	239	46

四 研究结论

党的十八大以来，陕西共计投入农村公路建设资金650亿元，截至

2018年底，陕西全省农村公路总里程达到15.7万公里。"十三五"以来，陕西公路交通行业进一步加快革命老区、深度贫困地区和广大农村地区交通运输发展，服务好精准脱贫攻坚战。但与全国其他省份相比，以及省内三大区域内部相比，农村公路仍然存在以下问题。

（一）陕西农村公路与全国其他省份相比较

从发展速度来看，陕西农村公路建设在"十一五"时期和"十二五"初期，发展速度较快，但在"十三五"时期，建设速度较之前有所落后。

从发展质量来看，陕西农村公路建设里程和等级公路里程全国排名中间靠前，但是等级公路比例排名较后，也就是说，陕西农村公路的等外公路占比较高，凸显了陕西农村公路建设质量不高的"短板"。

从服务经济发展来看，"十三五"时期，社会需求明显由数量增长向质量增长的背景下，与西北地区其他省份相比，农村等级公路比例排位落后于经济发展排位。

（二）陕西农村公路省内各区域内部相比较

从公路资金投入来看，全省各地市（区）都普遍存在投入资金不足的问题，主要表现在建设和养护的资金投入额不足以及资金来源结构单一两个方面。

从路网保障能力来看，陕西各市（区）农村公路网已具有相当规模，但关中、陕南、陕北地区路网密度差异较大，关中地区路网密度较高，其余两个区域路网密度在关中地区发展水平的50%以下。

从公路技术等级来看，陕北地区等级里程水平最高；关中地区居中；陕南三市等级里程水平明显低于其他两个区域。

从养护管理来看，陕西农村公路养护在较长时期内处于薄弱地位。2018年，陕西农村公路养护管理里程在全国排第12位，关中地区占比38%，陕南地区占比33%，陕北地区占比29%，养护里程较长，负担较重。

（三）"十四五"陕西农村公路发展政策优化趋向

由于农村地区产品和要素市场存在许多缺陷，农村公路作为一种由政府主导投资建设的公共产品，政府通过"非选择"干预对农村基础设施投资，在促进社会经济发展方面发挥了重要作用。当前应给予农村公路重点关注的问题不能囿于"建多少",而在于"建好",通过围绕服务经济发展的目标,推动农村公路供给侧结构性改革,提升农村公路服务地方社会经济发展及引领贫困地区致富的能力,实现农村公路高质量发展。根据问卷调查结果和对陕西县级面板数据的实证研究,通过细分农村公路规模和技术等级评价了农村公路对社会经济发展的影响,得到了以下政策优化趋向。

继续扩大农村公路规模,加强补短板,为助力乡村振兴提供保障。当前,农村小康社会建设理念和发展方式发生根本性、历史性变革,从建设到建成,从局部到全面,从基本小康到高质量发展,进入乡村振兴战略实施期,要求农村公路要着重"补短板、强基础、上水平"。农村公路规模扩大对经济发展仍然有较强的积极影响,陕西省尚未全面形成"畅通乡村、覆盖村组、联网成带"的农村公路路网体系,因此,要继续打通农村"断头路""瓶颈路",继续加大"最后一公里"建设力度,突出主干线、旅游公路、产业公路及园区公路建设,打造农村公路畅通工程、示范工程样本,为助力乡村产业振兴、推动美丽乡村建设提供强有力的支持。

提升农村公路技术等级,加强养护管理,完成农村公路"由无向通、由通向畅、由畅向美"的转型升级。目前,农村公路技术等级偏低,路域状况亟待改善,是群众反映问题较多的薄弱环节。因此,在前期建成的农村公路标准较低,安全设施不到位,养护投入严重不足的现状下,实施农村公路路网优化工程,着力改善农村客运通行条件,提升技术等级水平,加大"窄路"改造力度,提高通畅深度;对新改建农村公路同步建设交通安全、排水和生命安全防护设施,并加大公路安全生命防护工程和危桥改造投入力度;完善以公共财政投入为主的养护资金保障机制,平稳有序推进养护市场化改革,建立政府与社会合理分工的组织模式,全面提高农村公路养护效率。

由农村公路适应发展向引领发展转变,促进农村社会经济资源流动,助推产业发展。农村公路以往的历史角色主要为了通车,实现人便于行、货畅其流的目的。在全面建成小康社会的要求下,农村公路不仅解决了出行难题，而且越来越多地开始发挥促进农村社会经济发展的作用。农村公路沿线特色种养、农产品加工、物流运输、农村旅游等产业蓬勃兴起，农村公路越来越成为一条农民的致富路。因此，要综合考虑不同地区的差异性特征，在农村公路的项目安排、补助标准等方面优先安排涉及托底性指标的相关项目，兼顾效益，实施一批对地方经济促进作用大、群众需求强烈的路网完善类项目；坚持"路、站、运"一体化发展，统筹建、管、养、运协调发展，统筹中央与地方、政府与市场、交通行业内与社会力量，支撑乡村产业发展和农业农村现代化建设。

五　对策建议

农村公路是广大农民致富奔小康，加快推进农业农村现代化的基本保障。道路的连通无疑会给农村地区带来更多的信息、现代化设备和与现代文明接轨的机会，给乡村带来振兴的可能，农村人口改善生活的美好期待才会变得切实可行。党的十八大以来，作为打赢脱贫攻坚战的先导和基础支撑，农村公路基础设施更加完善，增强了城乡互动、缩小了城乡差距、改善了农村居住环境和出行环境。"十四五"是全面实施乡村振兴战略、加快农业农村现代化的关键期，也是"四好农村路"高质量发展的重要战略机遇期。陕西农村公路要以"建好、管好、护好、运营好"为总目标，以补短板、提品质、强管养、提服务为重点，在服务"三农"中，加快打通"大动脉"，畅通"微循环"，持续提升交通运输的服务保障能力，当好乡村振兴"先行官"。

（一）加大资金投入管理

陕西农村公路建设和养护的资金主要来源于财政拨款，并且随着农村公路建设步伐的加快，农村公路里程的增加，农村公路资金投入面临巨大挑战。加大政府财政投入力度，拓宽筹资渠道，加强资金管理，有效提升资金使用效率，已成为保障充足的公路建设资金的重要手段。

1. 加大中省资金投入

国家应继续加大对农村地区，尤其是乡村振兴重点帮扶县公路建设及养护的财政资金投入力度，加大对农村交通基础设施建设的财政专项转移支付，为建设陕西交通枢纽省份提供坚实的财力支撑；同时，应加大对农村公路发展的经费投入，建立健全农村公路建设资金逐年增长机制，调整全省交通基础设施建设资金投入构成，适当提升农村公路在全部交通基础设施建设中所占比例，加强与国家部委的对接汇报，争取车购税等中央资金投入；用足用好国家政策，积极发行政府收费公路专项债券和一般债券，协调地方财政尽可能多地安排交通专项资金，推进"交通强省"战略目标的实现，助力打赢脱贫攻坚战。

2. 拓宽资金筹措渠道

充分利用信贷资金，发行债券或政策性贷款等用于农村公路建设；鼓励各地创新资金筹措渠道，利用农村公路冠名权、绿化经营权、广告经营权和路域资源开发经营权等方式筹集社会资金，采用"BT"模式吸引国企、私企的资金投入助推农村公路改建大修及绿化提升等；从高速公路切入，由于2020年开始逐渐有高速公路将退出"收费还贷"项目，目前交通运输部正在研究这批高速公路降低收费标准并长期收费，资金用于本路段的养护与管理，建议这批高速公路不降低收费标准，维持原标准收费，但收费性质由"企业投资、收费还贷"转为"政府收税公路、收税保民生"，所有收税公路的税收纳入政府财政，既用于本路段高速公路的养护、管理，也用于非收费公路（含农村公路）的养护与管理，解决财政资金投入不足的问题。以高服务水平的收税公路税收，维护群众必需的普通公路（基础设施公共产品），建立收费体系反哺非收费体系的格局。

3. 提高资金使用效率

把厉行节约落实到交通运输工作各环节，从工程设计、招标投标、施工管理等入手，努力降低工程造价；大力推广电子收费技术和收费治超一体化，努力降低运营管理费用；充分利用交通存量资产，重点挖掘服务区等资产增值潜力，努力提高经营开发收益，通过多方式、全方位有效防范交通领域债务风险；强化资金监管，着力加强审计监督，按照中省关于建立全面规范透明、标准科学、约束有力的预算制度，全面实施绩效管理的要求，不断完善交通运输领域预算管理制度，将绩效管理深度融入预算编制、执行和监督的全过程，着力提升预算管理的科学性、有效性和透明性；进一步加强预算执行管理，计划或预算不能如期执行的，要把资金调整到急需资金的项目上，提高资金利用效率；重点领域、重大项目、重大资金开展专项检查，确保资金使用规范，提高资金使用效益；积极拓展内部审计功能，开展各类专项审计，不断拓展审计领域和深度，提高审计成果应用水平，落实审计发现问题的整改，发挥好审计的保障和促进作用。

（二）完善路网体系建设

推进农村公路路网建设，以农村公路路网建设助推农村发展是陕西交通建设和经济社会发展的重点工作。

1. 强化农村公路规划引领

农村公路建设的前提和基础是规划，推进农村公路建设，要坚持统筹规划、分步实施、因地制宜、分类指导、建管养运、协调发展的原则，根据农民群众的出行需求和出行特点，科学编制农村公路建设规划，畅通区域骨干农村公路通道，加强革命老区、乡村振兴重点帮扶县对外运输通道建设，彻底消除断头路，打通区域间交通物流瓶颈，促进资源要素便捷顺畅流动；结合陕西省公路网、中长期铁路网、中长期民用机场布局规划中的重大项目建设，高规格、高标准建设农村公路重要路段，提升通达深度和通达水平，力争形成"通达村组、标准适合、管养落实、人行方便、货流通畅"的公路网络，适应发展农村道路客运和货运的要求，为下一步国家农业发展、大型农业机械从事生产运输奠定基础。

2. 继续加大农村公路总量建设

以陕西农村公路建设为重点，加大政府人力、财力投入，根据各区县自然环境实际和人民群众道路出行需求，加快农村公路乡道、县道、村道建设进程；全面巩固交通脱贫攻坚保底任务建设成果，对照陕西省委、省政府确定的目标任务，对建制村通畅情况进一步摸底排查，拾遗补阙，确保通畅效果；继续实施村通组路建设和通村公路"油返砂"路段整治工程，实现集中居住30户以上自然村通沥青（水泥）路，基本消除通村公路"油返砂"现象。

3. 优化农村公路路网结构

加快全省农业地区高速路、"产业路"等建设，优化全省农村公路路网结构。联通省际出口，畅通城市群快速通道，提升全省内外快速联动能力；建立健全覆盖全省的交通信息管理平台，将促进农村地区经济社会发展的大量"产业路"、"旅游路"和"园区路"有效识别，联入全省基础路网，为统一管理提供基础，促进全省基本形成结构合理、功能完善、便捷畅通、安全高效的农村公路体系。

（三）提高公路技术等级

随着农村经济的发展以及农村居民生活水平的提高，农民群众对农村公路使用的便捷性、舒适性提出了更高的要求。原有的农村公路等级已经远远不能够满足农村居民生产生活的需求，因地制宜地提升农村公路等级已成为当前农村公路发展亟待解决的突出问题。

1. 转变农村公路建设理念

全面建成小康社会的要求、乡村振兴战略的实施促使地方政府在农村公路方面的职责从单纯的建设扩展到建设、管理、养护和运营的全生命周期运作，标志着农村公路的建设从以量考核进入以质量取胜、以服务为重的阶段。农村公路建设应积极响应乡村振兴战略的实施，配合国土空间体系规划，为广大乡村地区提供绿色、生态、高效的交通服务。农村公路建设的公路等级应按照公路重点偏向的作用以及对未来预测的交通量并根据不同地区的公路网规划、当地经济发展状况、交通荷载情况来确定，应按照适当超前原则，增加高层次农村公路建设里程数。

2. 提高农村公路技术等级

着力提高二级公路、三级公路在农村公路总里程中所占比例，在项目建设启动之初，即按照较高等级标准进行农村公路设计和施工，坚定不移地走可持续发展的道路，注重周边环境的保护，合理利用当地的土地资源，联合村镇综合治理，着力改善农村的交通运输条件和生产生活环境，不断提高建设标准，农村公路建设的技术标准除应参照国家及地区制定的标准以外，还应根据不同地区的经济发展状况以及交通运输主管部门对公路网的规划，按照公路的使用功能和远景交通量来确定，做到既不要照搬照套当地原有农村公路使用过的较低的技术标准，造成公路过早损坏，也不要盲目制定过高的技术标准，增加项目不必要的支出；加大对现有四级及等外农村公路的养护管理工作，因地制宜采取公路路面扩宽、安防设施完善等措施提升现有农村公路的运输服务能力，提升全省农村公路整体技术等级水平。

3. 强化农村公路质量监管

在质量责任方面，落实农村公路建设工程质量责任终身制；在监管机制方面，按照分级负责原则，建立健全上下协调、控制有效、覆盖全面的农村公路建设质量齐抓共管的工作机制；在质量管控方面，根据农村公路建设特点和薄弱环节，强调严把设计关、材料关、施工首件关、质量公示关、过程把控关、工程验收关、质量考核关、信用评价关等"八大关口"，增强实践操作性；在监管措施方面，充分发挥当地群众的质量监督作用，公开举报投诉电话，邀请"两代表一委员"跟踪督查，建立质量约谈和挂牌督办制度，督促落实农村公路质量责任，努力打造群众满意的优质工程、放心工程，从建设层面保证农村公路技术标准符合目标要求。

（四）提升安全保障能力

提升公路的安全保障能力是提升农村公路服务能力和服务水平、满足人民群众安全出行需要的前提条件。

1. 强化前期设计中的安全理念

陕西农村公路建设受制于早期安全观念不强、资金投入不足、建设技术不发达等因素影响，农村公路路网及交通安全设施建设未能达到规范标准。为有效消除此点不足，随着陕西农村公路的工程建设量的不断增加，受到陕西农村地区的复杂地形地貌的影响，公路线形的平面和纵面指标复杂多变，这就要求交通主管部门在对公路进行规划和设计时，需要结合陕西的地质特点、山路的走向和结构等因素，在收集当地道路安全信息并进行整理集中的基础上，结合计算机技术对农村公路的安全进行模拟，以确保公路线形的设计能够和当地的实际情况相适应，增强道路交通安全保障能力。

2. 加强农村公路安防设施建设

交通安防设施可以降低事故的发生概率，也可以降低事故的严重程度，提高公路的服务水平，减轻驾驶者的心理压力，对视线的诱导、提供前方道路信息等有着重要的作用，要加大对道路基础设施资金的投入力度，着眼于地形复杂、事故多发地段的道路安全管理，加强交通标线、交通标志、护墩、视线诱导设施、减速设施等道路安全设施的建设和设置；加强对全省农村公路的排查工作，对事故频发的地段和危险的路段进行重点排查，针对农村道路窄、坡陡、弯道多、路况差、标志标线不全、防护设施不完善等问题，每季度对全省村村通公路和县乡道路进行排查，对公路上交通事故频发的地点和连续弯路、长坡陡、宽窄桥、桥梁、涵洞、路面容易塌方、滑坡、沿路晒粮、堆放物品造成公路安全隐患的地段进行排查，居民可自行对问题路段进行排查通知上报，相关部门要及时对已经发现的安全隐患和问题进行整改；建立一套相对合理的农村公路安防设施评估系统，并对农村公路上的安防设施进行安装和优化，有效发现和排除已有设施存在的安全隐患，以达到降低农村公路事故发生概率的目的，保障居民出行安全。

3. 建立交通安全数据综合信息平台

随着信息化时代的来临，社会对信息共享的需要日益迫切，要围绕农村公路交通安全需要，依据现有农村公路管理养护业务流程，以 GIS（地理信息系统）、数据中心平台为基础，建立支持高层决策、中层控制、基层运作的集成化农村公路管理信息系统，实现从路况数据采集、分析、统计、可视化查询到计划、建设、养护、路政等各业务高度集成的信息化管理模式，形成农村公路管理构架；利用电话通信服务和全省的交通信息系统共同打造辐射全省农村公路的信息平台 App，从交通安全数据综合信息平台收集上传各项交通信息，包括公安交警、道路建设、城乡管理、天气情况、路况信息等关联性较强的系统数据，有效提高农村交通安全管理，及时了解乡镇地区、行政村、高危路段的情况，预防交通事故的发生和快速处置乡镇地区的交通安全状况。

（五）深化养管体制改革

农村公路养护管理体制机制改革是从长期视角推进乡村振兴战略实施的保证。相对贫困地区其他生产要素发展的不充分不平衡，如人力资本、生产技术、金融支持等不足，在短期内，限制了经济体系有效利用农村公路基础设施的能力。因此，完善的养护管理体制机制从长期视角能够有效保证其他经济发展要素增强的同时，农村公路与要素禀赋结构相适应。此外，长期良好的农村公路养护水平，还可以提高其他要素的可获得性，如农业科技、劳动力等要素的输入，促进资源配置结构的不断完善。以农村公路养管体制机制的健全完善促进农村公路发展是陕西下一步工作的重点。

1. 完善农村公路养护管理体系

要明确不同部门对农村公路的养护管理职责，合理划分省级人民政府、各区县人民政府、县级交通运输部门、乡镇级人民政府、村民委员会等不同主体对农村公路养护方面应承担的工作，并以政府规章、规范性文件的形式予以确定，要理顺各个责任主体之间的关系，做到权责统一，并将各个责任主体的职能管理及投入相联系，共同发挥养护管理职能，促进养护管理工作的开展，提升养护管理的质量；健全各级农村公路养护管理机构，按照"统一领导、分级管理、权责统一"的原则，建立统一的管理机构，明确各级养护管理实施机构的职责分工，并将养护责任落实到人，各区县应建立专门的农村公路养护管理机构，对农村公路养护工作直接负责，同时增加养护机构的专业技术人员，对临时聘请的人员进行培训，考核合格后予以聘用，进一步提高农村公路管理职能及养护工作的质量和效率。

2. 加大农村公路路政管理力度

依法依规进行路政管理，大力宣传相关政策，让群众充分认识到保护农村公路的意义及重要性，充分了解与农村公路相关的法律政策，提高群众的养路护路意识，营造一个知法懂法守法和维护依法治路的社会环境；加强整治超载的现象，加快制定健全的、统一的超载治理政策法规，同时要严格落实相关政策法规，对违规超载等违反路政管理政策法规的行为进行严肃处罚，对路面造成的损坏进行相应的修复，保证在依法治路过程中有法可依，确保对农村公路的管理能够长期稳定地处于良好的状态，提高农村公路的使用水平和服务年限。

3. 推进农村公路养护管理市场化

实行政事企事分离、养护管理分离政策，将农村公路养护管理机构原先的农村公路养护工作完全交由有资质和养护能力的养护公司负责，交通主管部门负责日常的监督、检查、考核等工作，对养护任务完成突出的养护公司进行奖励并长期进行合作，对工作不力或未完成养护任务的养护公司不予兑付养护资金，并解除与其签订的养护合同；逐步利用养护公司进行养护，建立科学、合理、实用的养护机制，建立符合当今社会事业发展的新的养护机制，要因地制宜，根据不同区县的发展现状进行逐步推进，同时允许多种养护方式并存，只要是有利于农村公路养护工作的推行、有利于养护质量的提高、有利于社会和谐稳定发展的方式均可采用。

4. 建立完善的公路养护管理考核制度

明确规定农村公路养护管理考核的各项指标，主要从资金筹集、资金使用、养护技术人员的投入、养护成效等各个方面进行考核；各区县根据本区域发展的特点制定完善农村公路养护人员考核制度，并严格按照相关规定执行，将县乡公路、村级公路的养护管理部门同时纳入目标考核中，利用养护管理考核制度对养护工作进行监督、对养护成效进行考核，并实行绩效奖惩政策。

5. 加强养护人员素质及专业技术的提高

通过定期对养护技术人员进行专业培训或者异地交流学习等方式，使其学习新的养护工程技术，不断提升公路养护专业水平；增加农村公路养护管理经费投入，增加养护技术人员的养护工资，提高养护技术人员的积极性，吸纳年轻的、专业素质高的养护技术人员，充实养护队伍，从而有利于提高整个养护队伍的积极性及专业技术水平，为农村公路养管工作建设好一支有专业技术水平和管理理念的人才队伍。

"十四五"时期，农村公路支持乡村振兴战略实施，需要构建长期有效的政府支持政策系统，加快缩小欠发达地区与发达地区发展差距。农村公路改革只有各相关配套方面做出变革，才能充分利用农村公路经济社会效益。支持政策系统包括货币贷方、技术、教育、社会化服务组织等援助，以及政府农业产品价格政策等。广泛的外部支持网络以及政府恰当的支持性政策，是保障欠发达地区经济可持续发展、缩小地区差距的重要条件。

第二节　渭北地区交通基础设施建设促进产业振兴研究

发展农村交通是乡村振兴的先决条件，更是加快建设交通强国的重要内容和应有之义。《交通强国建设纲要》提出"形成广覆盖的农村交通基础设施网"，《国家综合立体交通网规划纲要》要求"推进城乡交通运输一体化发展"，为下一步农村地区交通发展指明了方向。陕西渭北地区是我国北方旱作地区中条件最为优越的地区，具有发展旱地高产高效农业和开展粮食规模经营的潜在优势。农业历来是这里最大的产业，是陕西省粮、果、畜的重要生产基地。交通基础设施建设对于促进渭北地区城乡经济循环，促进农业高质高效、乡村宜居宜业、农民富裕富足，加快农业农村现代化具有重要意义。

一　理论研究

（一）交通基础设施与经济增长

经济学界在 20 世纪 80 年代末开始了对基础设施广泛的研究。Aschauer（1989）的经典论文指出，基础设施资本存量对全要素生产率有显著的促进作用，其中诸如高速公路、机场、水运系统等核心基础设施的作用尤为关键。随后，涌现出大量研究各种基础设施规模对经济活动影响的论文，大多集中于在宏观层面测度基础设施的产出弹性，生产率、产出值以及产出增长率是较为常见的受基础设施影响的被解释变量。研究结果基本上支持交通基础设施对经济增长有显著的促进作用。

为了考察基础设施质量对经济增长的推动作用，Calderón 和 Servén（2004）针对 121 个国家的样本展开研究，该研究指出，来自跨国间的证据显示，基础设施质量有助于推动经济增长，并降低收入不平等程度。基础设施对经济增长的影响还表现出一定的区域差异和产业差异，比如孟加拉国对农村基础设施的投资提升了农村地区农业与非农业经济的活跃程度。王小鲁和樊纲（2005）认为，公共产品（以公共医疗、教育为代表）和交通设施对于改善微观经济主体发展机会上的不均等、缩小社会总体的收入差距非常重要。

（二）基础设施外溢效应与经济增长

某一地区基础设施的发展能在一定程度上降低相邻地区的运输成本，对相邻地区产生正的空间溢出效应。Hulten（2006）研究了高速公路投资与制造业生产率增长的三个问题：高速公路投资对制造业部门增长的总体影响、高速公路投资的区域内部作用以及估计这类投资对制造业的外部溢出效应。他将基础设施的溢出效应进一步分为两种非直接的"渠道"。第一种外部性的渠道在购买基础设施服务和要素投入的市场中被内部化了；第二种外部性的渠道主要是指网络外部性，即在一个现存的基础设施系统中，一个交通节点运输能力的扩张可以通过增加或扩展关键性的联系或消除瓶颈而对整个交通基础设施网络都产生影响。这种影响进而可以惠及微观经济主体，从而带来经济活动效率的提升。国内关于基础设施溢出效应的研究不多。胡鞍钢和刘生龙（2009）利用中国1985~2006年28个省份的数据对溢出效应进行实证检验，他们认为交通运输的正外部性的确存在，交通运输投资的直接贡献与外部溢出效应之和对经济增长的年均贡献率为13.8%。刘生龙和胡鞍钢（2010a）利用中国1988~2007年的省级面板数据来验证三大网络性基础设施（即交通、能源和信息基础设施）对我国经济增长的溢出效应。研究结果表明：交通基础设施和信息基础设施对我国的经济增长有着显著的溢出效应，能源基础设施的溢出效应并不显著，这主要是由我国的能源使用效率低所决定的。

（三）交通可达性和经济增长

可达性的引入进一步丰富了交通基础设施对宏观经济增长、微观企业行为影响的研究。吴威等（2007）以安徽沿江地区为实证对象，分析了高速公路网构建对节点区内联系及区外联系可达性格局的影响。曹小曙等（2005）通过建立339个城市之间基于国家干线公路实际里程的矩阵，即借助交通里程图和有关数字资料计算两城市之间的实际交通里程，构造距离矩阵，作为可达性分析的指标。可达性常常被认为是平衡经济发展的关键因素，交通基础设施投资和由其导致的可达性变化对区域经济发展和经济活动空间分布产生重要影响。孟德友和陆玉麒（2011）认为，高速铁路具有"时空压缩性"，有效缩短了沿线地市的省内和省际旅行时间，强化各地市的省内和省际联系，地区间经济联系的增强也是区域空间结构形成和演化的重要动力。刘传明（2011）基于湖北省79个县的数据分析显示，县域综合交通可达性与经济发展水平之间存在非线性的正相关关系。

（四）研究综述

通过以上研究可知，交通基础设施建设对经济增长具有促进作用，主要通过以下三种方式。第一，交通基础设施建设增加了人口的就业机会。在交通基础设施项目的建设过程中，可以带动一系列相关劳动密集型产业的发展，为农村剩余劳动力提供就业机会，从而直接促进工资性收入的增加；交通网络建成后，便利的交通条件缩短了农村与城市的距离，满足了出行需求，降低了出行成本，加强了农村地区与外界的信息交流，有利于剩余劳动力向非农产业转移。第二，交通基础设施的空间溢出效应提升了人力资本水平。随着交通基础设施的完善，发达地区先进的技术、文化、知识更快速地扩散到落后地区，一方面，缓解了欠发达地区上学难、看病难的问题，人们享受到良好的教育和医疗资源，提高了人口的受教育水平和身体素质；另一方面，新技术、新设备在交通建设中的推广应用以及基层公路建设、管理、养护等交通专业技术人才的培训，帮助培养交通建设的专业技术、管理人才。人力资本积累变"输血"为"造血"，是提升欠发达地区自我发展能力、促进其经济持续快速发展的内生动力。第三，交通可达性推动了农村产业发展。交通可达性的提高有利于增强地区间经济联系，引导改善区域空间布局、调整产业结构、打破城乡二元结构，实现城乡要素平等交换和公共资源均衡配置；从微观层面来看，交通的便利程度影响了微观经济主体的区位选择，有利于吸引投资，带动相关特色产业的发展，通过"交通+特色农产品""交通+旅游""交通+电商"等模式，变资源为现实的生产力，为农民提供增收机遇。

二 实践研究

（一）实践经验

湖北省恩施市白果乡推行"交通+民生"模式，采取村支两委会议推荐、公路中心实地考察相结合方式，择优选定农村公路规范化管养人员，创造性聘用当地村民，由村民自己当管路养路的"家长"，在创造就业岗位的同时，提高农村路的管养质量；湖北恩施州八县市深度发展"交通+旅游"模式，规划建设了"一环七支"武陵山绿色旅游公路，全长 1564 公里，连接长阳、五峰、建始、巴东等 11 个县，并把恩施大峡谷、长阳清江画廊、巴东神农溪以及三峡大坝等 12 处核心旅游景区，与周边张家界、大三峡、神农架等著名景点有机衔接，形成了大武陵山地区旅游环线走廊，促使当地旅游业呈规模化发展。

甘肃陇南创新探索"陇南模式"，实施"交通+电商"模式发展农产品电子商务，把互联网作为经济发展的重要载体，通过发达的交通网络将陇南的优质农特产品与外界市场有效对接，把陇南农特产品经营分散、品种多规模小、产业链短的劣势转化为优势，扬长避短，先后在全市 750 个村开展电商销售工作，"一村一店"、"先易后难"、因村施策，促进了农民增收、农业增效。

云南洛恩乡哈龙村推进"产业联村+田间路"模式，联结机然、普施和小依沙 3 个村，串联起红毛水产品养殖基地、千亩沃柑种植基地和小依沙三丫果藤茶育苗基地，打通农产品输出通道，清除产业发展梗阻，全面带动沿线村庄种养产业发展。

安徽交通控股集团公司实施"服务区+精准扶贫"模式，以所经营的服务区为平台，建立地方特产专卖店和形象店，吸纳贫困人员就业，推动地方农产品销售。

山东临沂创新交通"1+6"模式，实施"农村公路+"模式开展公路创建、旅游开发，优先为贫困人员提供交通就业岗位，在道路建设、养路护路、绿化美化等工作领域安置低收入家庭养路员。

结合上述案例，可以总结以下几点经验：在"交通+民生"乡村振兴发展模式中，要创新农村公路管养模式，在当地村民中选择合适的管养人员，同时通过专业技术培训，提高管养人员技术水平。在"交通+旅游"乡村振兴发展模式中要注重构建旅游交通网络，实现各旅游景点的串联，发挥规模效应，并加强旅游配套设施建设，提升旅游服务水平。在"交通+电商"乡村振兴发展模式中，积极与大型电商企业对接，加快电商平台建设，加大物流园区、分拨中心、村级电商服务站等基础设施建设，支撑电商发展。

（二）路径分析

交通基础设施通过直接的收入分配效应，增加农村劳动力的就业机会；或凭借经济增长的涓滴效应，使农户在经济发展的过程中间接受益，从而使农户的实际可支配收入有所提高，或消费支出有所减少，最终达到提升福利水平的效果。

一是增加农村劳动力非农就业机会，提高工资性收入。二是影响农村三次产业结构调整，特别是农业结构调整。交通基础设施的改善，能够带动农村地区资源的开发和旅游业的发展，通过旅游的关联效应和乘数效应，从而带动农村地区整体发展。同时交通基础设施的改善，在一定程度上会改变农业生产结构，主要表现为粮食作物种植面积缩减，经济作物种植增加，畜牧业发展可能扩大。三是降低农业生产、运输成本及城乡间劳动力转移成本。交通道路的改善既能够缩短农畜产品销售市场的距离，又能够缩减物流成本和市场分割程度，使商品交易效率迅速提高、交易成本随之下降。四是改善农村交通可达性，转变社会服务的弱可获得性。交通可达性即乘客在出发地可达范围内通过公共交通工具到达目的地的难易程度。交通道路的改善对加强农业推广服务，共享教育卫生优质资源、社区福利资源等方面具有积极意义。

三　产业发展现状

（一）区位特点

渭北高原位于陕西省的中北部；位于北纬 34°21′~36°22′、东经 106°18′~110°35′之间；在陕北丘陵沟壑区以南，关中平原灌区以北，东临黄河与山西为界，西抵陇山和甘肃为邻；基本上由北部的高原沟壑区、中部的土石山区及南部的黄土台塬区等三部分组成，范围涉及延安、铜川、宝鸡、咸阳、渭南 5 地（市）的宝塔区、富县、洛川、宜川、黄陵、宜君、印台区、耀州区、凤翔、岐山、扶风、千阳、麟游、陇县、永寿、彬县、长武、旬邑、淳化、礼泉、乾县、白水、蒲城、澄城、合阳、富平、大荔共 27 个县区。渭北高原位于陕西省"米"字形公路架北部，属于黄土高原中地势较平坦的部分，地貌以黄土塬、黄土台塬及黄土残塬为主；塬面开阔平坦，土层深厚，结构疏松，渗透性好，蓄水力强，素有"土壤水库"之称；气候条件较优越，光能资源比较丰富，热量资源较好，光热生产潜力较大，但地表水和地下水贫缺，农业生产用水主要依靠自然降水，属典型雨养农业地区。

（二）产业发展优势

渭北是我国北方旱作地区中条件最为优越的地区，又是中低产地区，具有发展旱地高产高效农业和开展粮食规模经营的潜在优势。农业历来是这里最大的产业，是陕西省粮、果、畜的重要生产基地，也是优质粮食、果品、畜牧生产的最佳适生区，陕西省粮、油、果、畜一半以上生产基地都分布在这一区域范围内。渭北高原邻近的关中平原地少人多，又是经济作物的集中产区；陕北丘陵沟壑区是农业资源破坏严重、粮食产量低而不稳定的地区；渭北高原地处渭北"黑腰带"，境内大型煤田多，所以相邻地区的发展和区内工矿企等的发展都要求提供大量的农畜产品。渭北高原在陕西省农业发展和西部大开发中占有非常重要的地位。

（三）制约因素

生态环境脆弱。渭北地区生态环境脆弱，黄土高原沟壑纵横、地形破碎，气候干旱，植被稀少，水土流失严重，降水量少，年降雨量仅550毫米左右。地表径流水量小，含氟量大，除南部一些地区水资源较好外，其他大部分地区不仅地表径流不丰富，蓄水工程较少，蓄水量不多，而且地下水埋藏较深，生产生活用水存在困难。此外，因干旱少雨，土壤贫瘠且盐碱化，农业发展受到限制；煤矿采集深陷区较多，农业恢复难度较大。

产业层次偏低。渭北地区总人口约占全省的24.2%，但GDP仅占全省的13.8%，属于陕西经济发展较为落后的区域。产业结构层次偏低。三次产业结构表现为一产业明显偏高，二产不强，三产较小，经济社会发展总体水平不高。区域内大多为典型的农业县，农业产业层次低，种植结构较为单一，受市场需求、产销错位的影响，苹果、酥梨等传统优势产业，价格下跌，产销矛盾显现，对农民增收作用不强，同时农业现代化水平低，产业链条短，亟待转型升级、提质增效。

基础设施建设水平不高。区内水资源匮乏，农田水利设施较弱，成为阻碍产业发展的主要因素。中小型抽水站设备老化、配套不足的问题，无法满足种、养等产业发展。生产用水基础设施不完善，水源地建设不足。市、县、镇、村道路交通网络不完善。

四 交通发展现状

（一）发展基础

渭北高原地区通村公路交通基础设施建设已全面开展。各县交通基础设施建设成效显著。长武县建成"三纵两横一连环"路网布局，公路总里程912公里，建成长武县电子商务物流中心，全年货运量达到780万吨。旬邑县10个镇全部实现油路化，278个行政村通柏油（水泥）路，建成示范镇3个，文明示范路297公里。白水县开展门林路最美乡村路和尧禾镇养护示范乡镇创建活动，完成客运量236万人次，货运量382万吨，建立大型货车行车记录仪监控平台。合阳建成108国道合阳过境段、沿黄公路北段等，完成客运量271.2万人次，货运量242.6万吨。

（二）薄弱环节

对外通道能力有待进一步加强。普通国省干线公路技术等级有待提高，现有普通国道、省道中，二级及以上公路比例较低。渭北地区一级公路里程较少，低于全省平均水平。

内部联通水平有待进一步提高。农村公路通达深度不够，未形成"网状"结构，且路面标准相对低，一定人口规模自然村路面有待升级改造。农村公路管理养护水平不高。大多数公路已使用 10 年以上，建设标准已不适应出行需要，部分路段破损严重，加之道路存在病害，养护难度加大。

安全保障能力有待进一步加强。农村公路整体安全生命防护工程建设水平不高，防灾抗灾能力较弱，安全隐患较大。一是山区公路急弯陡坡、临水临崖路段多，必要的交通安全保护设施仍没有同步到位，特别是农村公路标线、标识、标牌缺失问题突出；二是农村公路缺桥少涵、危险桥梁年久失修问题依然存在；三是农村公路部分通乡通村路段路面较窄，不利于客车通行，存在安全隐患。

运输服务水平有待进一步提升。现有客货站点等级较低，乡镇物流配送站点不足，物流商贸发展滞后，运输服务水平不高，不能有效满足群众出行需求。一是站场布局不尽合理，导致站场利用度不高，闲置浪费情况突出；二是公共服务均等化水平不高，网络化程度较低，农村客运运力不平衡；三是农村客运不适应市场化运作，运行成本高、效益差，社会投资积极性普遍不高，尤其是偏远村庄班线开通难问题较为突出。

交通与产业有待进一步融合发展。乡村产业具有明显的区域特性，交通基础设施建设与资源产业发展关联度不够紧密。农村地区依靠休闲观光农业、生态旅游带动经济发展，对交通基础设施建设提出了更大需求。部分通往农业生产聚集区、产业园区、旅游景区等重要节点的道路等级偏低、路面宽度不够、路况较差，即使当地资源丰富，由于交通运输成本过高，也难以发展。

资金制约问题有待进一步解决。资金短缺仍是制约交通和产业融合发展的主要问题。一是地方自筹能力弱，部分县区经济社会发展水平相对落后，地方财政收入不足。二是养护成本高。渭北高原地形地质复杂，公路建设成本高，养护任务重，地方交通建设养护资金和地方配套能力也相对较弱。三是建设融资渠道窄，部分区县地理位置相对偏远，交通需求相对较小，且分布零散，交通基础设施建设投资回报率低，难以吸引社会投资，融资困难，交通发展面临资金压力。

五 发展思路、基本原则与目标

（一）发展思路

党的二十大报告提出，要全面推进乡村振兴。全面建设社会主义现代化国家，最艰巨最繁重的任务仍然在农村。坚持农业农村优先发展，坚持城乡融合发展，畅通城乡要素流动。加快建设农业强国，扎实推动乡村产业、人才、文化、生态、组织振兴。2018年，中共中央、国务院印发《乡村振兴战略规划（2018~2022）》。2021年2月，国务院直属机构国家乡村振兴局挂牌，3月，中共中央、国务院印发《关于实现巩固拓展脱贫攻坚成果同乡村振兴有效衔接的意见》，4月，全国人大常委会表决通过《中华人民共和国乡村振兴促进法》。乡村振兴战略提出了"产业兴旺、生态宜居、乡风文明、治理有效、生活富裕"的总要求，交通基础设施作为国民经济的基础性、先导性产业，在乡村振兴的新要求下，补齐短板弱项，谋划战略远景，助推和引领农业农村实现现代化。

为深入贯彻落实党的二十大和习近平总书记重要讲话精神，补齐渭北高原地区交通运输发展"短板"，提升交通运输基本公共服务水平，要因地制宜、分类施策，扎实推进交通基础设施建设，大力提升交通运输服务能力和水平，构建"外通内联、辐射性强、深度通达、关联产业"的交通运输格局，为促进渭北地区乡村振兴提供强有力的交通运输保障。

（二）基本原则

统筹兼顾，有序推进。紧紧围绕中央和省市交通建设目标任务要求，坚持目标和问题导向，统筹交通、产业全面协调发展，将交通运输建设与村镇布局优化、特色产业发展紧密结合，与乡村建设、城镇化发展要求相协调，有步骤、有重点、有目标地分步实施方案。

因地制宜，绿色发展。准确把握不同地区的自然环境、人口状况、可用财力、交通需求、资源环境承载力以及建设难度等，科学规划，因地制宜地确定建设方案和标准，最大限度地减少对自然环境的破坏。

精准施策，创新发展。根据地区实际条件，在交通项目落地、资金使用、政策保障等方面提高精准性，制定"普惠"与"特惠"相结合的差异化支持政策，做到分类指导、因势利导。

聚焦重点，共享发展。瞄准渭北产业发展重大项目，集中力量和资源，在重点区域和领域率先突破。聚焦"托底性"任务，集中精力解决农村群众的交通需求。

上下联动，合力攻坚。坚持政府主导，各方参与，围绕方案目标、建设任务和重点项目，充分调动全社会积极性，形成交通基础设施建设促进乡村振兴的强大合力，全面推动产业发展和交通建设目标的实现。

（三）发展目标

着重解决制约渭北地区交通运输发展的瓶颈问题和突出矛盾，全面建成"外通内联、通村畅乡、班车到村、安全便捷"的交通运输网络。国家高速公路网基本形成，具备条件的县城和重点乡镇基本通二级及以上公路，具备条件的乡镇和建制村基本通沥青（水泥）路、通班车，农村物流服务体系基本建立，城乡客货运输服务效率明显改善，交通运输支撑特色产业发展的功能更加突出，农村公路服务水平和防灾抗灾能力明显提高，交通运输服务水平大幅提升。

高速公路。基本实现渭北地区所有县（市、区）均可在 30 分钟内便捷上高速公路。

干线公路。基本实现二级以上干线公路覆盖县城和重点乡镇、省级及以上主要产业园区。

农村公路。完成撤并建制村 100% 通硬化路，实现村村通沥青（水泥）路。重点实施建制村通客班车线路上窄路面加宽及安保设施建设等。

客货站场。主要县城建有二级及以上公路客运站。按需建设农村客运招呼站。基本实现（具备条件的建制村）村村通客（班）车。加快货运枢纽（物流园区）的建设，做到"县县有分拨，镇镇有网点，村村通快递"。

特色产业路。推进"交通+特色产业"，建设资源路、旅游路、产业园区路，进一步强化交通对产业的基础支撑作用，支持渭北地区特色产业发展。

六　重点任务

（一）重点打造"三条路"，加快渭北地区公路通村畅乡

打造"幸福小康路"。以"扩容、连接、升级、网化"为重点，提高县乡公路比例，加快通乡连村道路、特色农业基地道路建设，实现100%乡道上等级，100%建制村通沥青（水泥）路。加快实施"千村美丽"示范村村组道路硬化工程，每个较大自然村硬化一条从村口到既有农村公路的最短连通道路；完成通村窄路基路面扩宽改造工程，不具备条件的路段应加密错车道。至"十四五"末，形成以县乡公路为骨干、村公路为基础的安全便捷的农村公路网络系统。

打造"平安放心路"。按照《国务院办公厅有关实施公路安全生命防护工程意见》和陕西省实施方案要求，推进农村公路安全生命防护工程，基本消灭县乡道中桥以上危桥；加强桥隧安全运营管理，基本消灭普通干线公路四、五类危桥，低荷载桥梁和B、A级隧道，确保一、二类桥梁比例基本保持在95%以上，隧道全部为S级；加强以地质灾害及水毁路段防治为主的灾害防治工程建设，重点加强不良地质、高边坡等路段的治理；重点治理安全防护等级不足、急弯陡坡、客运班车及校车通行路线安全隐患路段。全面提升农村公路管养效能和服务水平。

打造"特色产业路"。以渭北高原地区现有旅游资源为基础，依托现有干线，积极推进"交通+特色产业"模式，建设一批连接重要资源开发地、旅游景区、产业（园区）基地，对经济发展有突出作用的公路，支持特色产业发展，促进旅游、特色加工、能矿开发、绿色生态等产业落地、发展、壮大，增强地区内生发展动能。积极探索发展集"交通、农业、旅游"于

一体的示范工程，以旅游为主兼顾交通，以产业为主兼顾扶贫，以市场为主兼顾公共服务。重点打造渭北地区旅游主动脉和集"交通、产业、旅游"五位一体的示范路段。进一步打通渭北地区的主动脉、支线、观光线，形成完善的旅游交通网络结构。全面打通完善陇县、千阳、麟游、永寿、淳化、耀州、白水，从白水分出南北两线，北线白水—黄龙，南线白水—澄城—合阳，串联支线及景区观光线，全长约580公里。打通沿黄河壶口瀑布南北线，连通壶口瀑布—韩城—合阳—大荔—华山—潼关，全长约200公里，以双向二车道为主。

（二）打造"客货运输节点"，提升渭北地区运输能力

全面推进渭北地区客运站、建制村汽车停靠点等运输场站建设，有序增加客运车辆和客运班线，在重点镇合理布局建设三、四级客运站，其余乡镇根据经济社会发展需要建设五级客运站，充分发挥乡镇客运站连接市县、辐射乡村的作用，促进农村客运网络和城市公交网络的合理衔接。逐步在符合条件的自然村，开通农村客运班线或镇村公交，实现100%的县城拥有功能完备的二级及以上客运站，具备条件的建制村通客车全覆盖。着力改善出行条件，提高公路客运服务水平和运输能力。

加快交通运输、快递物流和农村电商融合发展，统筹交通、供销、商贸、邮政快递等农村物流站点资源，推广"多站合一、资源共享"的农村物流节点发展模式，构建产销运一体的农村物流信息网络平台。支持主要乡镇建设集客运、物流、邮政、供销等多种服务功能于一体的乡镇综合服务站。推进县、乡、村消费品和农资配送网络体系建设，推进交邮、交农合作，依托邮政和供销网点开展农村物流配送。实现"市级有园区、县区有分拨、乡乡设网点、村村通快递"。

（三）扩投资稳就业，加大对渭北地区乡村振兴服务力度

稳步推进建设"四好农村路"，扩大农村公路有效投资，补齐农村交通基础设施短板。以渭北地区交旅融合路段为重点，完善农村公路沿线服务设施，有效利用农村客货场站、养护道班等设施以及农村公路沿线闲置土地资源，拓展开发停车、充电、购物、休闲、观光、旅游咨询等服务功能，提升

农村公路服务能力和可持续发展能力。

建立健全"四好农村路"高质量发展和吸收就业困难人员就业的长效机制，积极推动交通就业。统筹用好农村公路管护领域公益性岗位等各类就业岗位，探索推进政府购买公益性岗位就业方式，开发一批农村公路养护等公益性岗位，用于扶持农村剩余劳动力就业。在高速公路、国省道、农村公路等建设中，对满足用工要求的群众开展就业技能培训，优先安排用工。

七　政策建议与实施保障

（一）政策建议

1. 牢固树立规划先行的发展理念

牢固树立规划先行的发展理念，合理布局交通基础设施，优化配置公共客货运资源，切实提高路网建设的科学性、系统性和前瞻性，充分发挥农村公路带动地方经济社会发展的倍增效应。坚持统筹联动、整体推进，把交通建设与乡村建设、生态移民搬迁、发展特色富民产业、农村人居环境整治等相结合，统筹建、管、养、运协调发展。优先支持人口密集、辐射面广、带动能力强的开发路、致富路；优先支持统筹城乡发展的示范路、样板路；优先支持"连成网"的环线路，打通"断头路"，与国省干线、农村公路等道路连接，与工业园区、农业园区、物流园区、旅游景区串联，解决贫困群众出行"最后一公里"问题。

2. 建立"政府+社会+企业"多元投入保障机制

建立"政府+社会+企业"多元投入保障机制，强化财政投入稳定增长机制，坚持把农村交通基础设施作为固定资产投资的重点领域，整合、统筹各类资金支持农村交通基础设施建设；加大金融支持力度，通过扩大政策性长期贷款规模、扩大信贷投放、开展担保创新类贷款业务、创新金融产品和服务模式等形式，强化对农村交通基础设施建设的支持。在尊重市场规律和交通需求的基础上，适当引进一定数量的民营客货运企业共同参与农村路网支线建设，支持当地客货运企业在精而专的基础上提升运输品质和服务质量。组织群众"以工代赈"就近参与施工就业增加收入，发挥农民群众在农村交通基础设施建设中决策、投资、建设、管护等方面作用，充分调动其参与的积极性。

3. 加强"四好农村路"信息化建设

借鉴国内外先进的交通信息化建设案例和农村智慧交通项目成功经验，利用 GIS 地图、移动互联网、物联网、云计算、人工智能和大数据等现代信息技术打造智慧交通平台，建成集公路建设、管理、养护、运输于一体的农村公路综合协调管理服务体系，实现农村公路养护管理信息化、智慧化、精准化、高效化，以及各类运输资源整合处理和优化配置，全面提升交通运输效率，保障交通运输安全。加快推动实现农村道路交通数据共享，积极协调公安、城管、邮政等融入智慧管理平台，多维度展现"四好农村路"治理手段。建立渭北地区智慧交通平台试点县（区），打通县、镇、村三级客运市场，引导客运公司和物流企业等安装 GPS 定位系统等方式来实现运力资源集中规范、全程监控运行状况和交通安全信息预警等"数字化"管理模式，将各类客运车、公交车、出租车等运力资源全部纳入智慧交通平台管理，严格审核驾驶员的驾驶资质、车辆性能和保险有效期等，通过平台信息共享功能为学生集中需求、农村群众出行和农产品物流等提供实时的客运班车和物流车辆等运力匹配，减少社会运力资源的闲置和浪费，提高客货运输企业和个体的经济效益。

4. 加快发展畅通集约的农村物流服务体系

加快发展畅通集约的农村物流服务体系。交通是物流的重要组成部分，通过交通助力农村物流发展是加快特色产业发展、构建内联外通区域经济协同发展的重要手段。因此，综合利用交通、邮政、快递、农业、商贸等资源，持续完善县、乡、村三级农村物流节点体系，重点提高渭北地区农村物流网络覆盖率。根据渭北地区物流需求规模和特点，拓展乡镇运输服务站功能，补齐农村地区物流基础设施建设短板，完善县级农村物流节点停车、货物装卸、仓储、集中配送、流通加工、信息服务等综合服务功能。进一步加大交通与商务、供销、农业等部门的沟通协调，统筹货源和运力资源，鼓励交通运输、商贸、供销、电商、邮政、快递等企业开展农村物流统仓共配，推广集中配送、共同配送等模式，提升效率、降低成本。推动邮政物流、农村客运小件快运、电商快递、冷链物流、货运班车等多种形式农村物流发展，畅通农产品进城、农业生产资料和农民生活消费品下乡的物流服务体系，促进城乡物流网络均衡发展。鼓励渭北地区各市、县因地制宜打造农村物流服务品牌，集约化发展农村现代物流并加强与上下游产业一体化发展，有条件地区发展智慧物流。

5. 创新多元"交通+"发展模式促进乡村产业振兴

一是"交通+农产品销售"模式。构建渭北地区特色农产品展示及销售平台，建立农产品商贸流通长效持续机制，加大推广高速公路"服务区+"销售品牌农产品力度，形成社会力量参与扶贫新渠道。持续巩固拓展交通脱贫攻坚成果，畅通渭北地区农产品运输通道，加大辐射农村区域网点冷链运输网络建设，以交通领域服务区、客运枢纽等为核心，通过用地优惠、基础设施配套费减免等优惠政策鼓励并补贴渭北地区因地制宜改建、新建冷链库，加强县域农村电商、冷冻库、冷链物流车辆等冷链体系生态圈建设，探索建立从产地到餐桌的交通冷链物流服务系统。深入发掘渭北地区历史文化、红色文化、非遗文化、农耕文化、民俗文化等特色传统文化资源，通过数字化手段将文化资源转化为文化产业，赋能于渭北地区农产品品牌建设，增加农产品附加值。

二是"交通+休闲旅游"模式。渭北地区具备得天独厚的旅游休闲资源优势，具有发展休闲产业的基础和机遇。注重与生态保护相结合，在道路交通设施建设促进休闲产业发展过程中做好生态保护，维护生物多样性，加强各类旅游信息的规范和普及，防止出现在交通规划设计中对当地自然生态考虑不足的现象。完善公共交通接驳体系，完善火车站、机场及客运站与目的地的衔接，增加以乡村旅游景点为站点的旅游环线，提升城乡公交线网密度，减少换乘次数，降低游客的出行成本。完善基础设施配套，在有条件的服务区设置旅游房车停靠综合区、自驾车营地、徒步骑行驿站、旅游风景道观光点等，在具备条件的养护站、道班可探索配套建设旅游停车场、旅游驿站、简易自驾车房车营地、徒步单车骑行露营地等设施，与旅游景区、乡村旅游点等充分融合增设停车场，实现与旅游景区接驳服务等功能，推动大交通与文旅、休闲等第三产业的融合。

三是"交通+互联网"发展模式。随着现代信息技术与移动互联网技术的推广及应用,大数据产业蓬勃发展为交通基础设施使用赋予了新的内涵,极大地提升、扩展了道路的功能。借助互联网和大数据平台,交通、旅游等部门可以通过对游客历史数据进行收集、分析、比对,继而对未来的旅游市场变化做出可行性预测,让旅游市场实现可持续性发展繁荣的目标,破解"互联互通难、信息共享难、业务协同难"等痛点,进一步丰富"交通+产业"发展模式的内涵。同时要加快推进渭北地区物流信息化建设,重点完善县级综合信息服务功能,完善平台的信息发布、运力资源共享、运输组织优化、实时查询、过程监控、金融服务、大数据决策等专业化服务功能,同步加强与邮政快递、电商直播等相关平台的有效对接。推广应用条形码、射频识别、电子运单等信息技术和管理方式,加强货物生产、交易、运输、仓储配送、销售等供应链全过程的监控与追踪,实现信息数据公开和共享。

(二)保障措施

1. 健全投融资机制

健全渭北地区交通基础设施投资长效机制,鼓励各地研究制定并落实交通项目相关费用减免的优惠政策,如公共基础设施项目企业所得税"三免三减半"优惠政策,对符合条件的交通基础设施建设落实城镇土地使用税、耕地占用税等优惠政策,切实减轻交通基础设施建设负担。创新交通投融资机制,鼓励和引导政府和社会资本合作的 PPP 融资模式,积极探索将交通项目沿线一定范围内的土地等可开发经营的资源作为政府投入,推进 PPP 特许经营模式。

2. 完善技术标准

以科技引导交通创新,以"互联网+"交通运输发展为切入点,全面推进信息技术在运行监测、业务管理、公共服务、综合执法、安全应急和市场监管等领域的应用,以信息化手段提高交通运输管理和服务效能。结合发展实际,进一步完善和规范农村公路建设和养护标准。根据不同地区特点,研究构建分类适用的客货运输站场等建设标准体系。加强交通设施、载运工具和运营管理安全技术标准体系建设，完善鲜活农产品运输"绿色通道"相关政策，建立健全农村地区鲜活农副产品等冷链物流标准体系。科学安排交通扶贫项目线路、场站建设，提高土地集约利用效率。

3. 强化考核监督

严格按规划实施交通建设项目，加强事前、事中和事后的全过程管理，建立规划考核机制，实行规划实施动态跟踪考核制，健全绩效评估和奖优罚劣机制，对规划实施较好的地区和部门，在项目和资金安排上给予倾斜。加强对实施方案落实情况的监督检查，建立政府考评机制，落实督办责任制和评估机制，发挥社会舆论和第三方评估机制作用，确保政策落地、资金到位、项目实施。加强交通项目建设管理和质量控制，强化规划实施动态跟踪与监督检查。全面落实质量责任制，健全质量监控体系，实行质量"黑名单"制度。加强跟踪分析，及时掌握工作过程中的新情况、新问题，适时调整规划和相关政策，进一步增强规划的实效。建立完善的农村公路管理体系，明确县（区）农村公路管理机构、乡镇农村公路管理站（所）和建制村村道管理议事机制的责任划分，将农村公路管理经费足额纳入财政预算，乡镇政府、村委会落实必要的管理经费，确保农村公路管理工作正常开展。力争县级农村公路质量监督机构设置率100%，乡镇专职农村公路管理站（所）设置率100%，100%建制村建立村道管理议事机制。

4. 加强养护管理和职业教育

建养并重，加强农村公路养护管理，将农村公路养护资金逐步纳入各级财政预算，健全公路养护长效机制，完善应急管理体系，增强安全保障和服务能力。实现100%建制村安排专人承担农村公路管理工作。紧密结合交通建设发展目标任务和干部人才队伍特点，加大教育培训支持帮扶力度，研究制定人才柔性流动和各种激励政策，建立岗前培训和定期知识更新制度，鼓励企业和咨询机构、高等院校等进行合作，多层次、多方面建立培训教育渠道，加强执法业务骨干队伍和执法管理队伍建设。为区域发展与乡村振兴提供强有力的交通智力支持和人才保障。把交通安全教育纳入中小学生的必修课程，加强对在校学生的交通安全教育。实施村民交通安全教育培训制度。

第七章

乡村振兴战略背景下农村交通基础设施
发展的政策建议

第一节 乡村振兴战略对交通基础设施发展的新要求

农业农村农民问题是关系国计民生的根本性问题。党的十九大报告提出实施乡村振兴战略。2018 年，中共中央、国务院印发《乡村振兴战略规划（2018~2022）》。2021 年 2 月，国务院直属机构国家乡村振兴局挂牌；3 月，中共中央、国务院印发《关于实现巩固拓展脱贫攻坚成果同乡村振兴有效衔接的意见》；4 月，全国人大常委会表决通过《中华人民共和国乡村振兴促进法》。乡村振兴战略提出了"产业兴旺、生态宜居、乡风文明、治理有效、生活富裕"的总要求。交通基础设施作为国民经济的基础性、先导性产业，在乡村振兴的新要求下，补齐短板弱项，谋划战略远景，助推和引领农业农村实现现代化成为当务之急。党的二十大报告指出，全面推进乡村振兴。报告强调，全面建设社会主义现代化国家，最艰巨最繁重的任务仍然在农村。坚持农业农村优先发展，坚持城乡融合发展，畅通城乡要素流动。加快建设农业强国，扎实推动乡村产业、人才、文化、生态、组织振兴。

一 推进交通基础设施建设须正确把握五个关系

2022 年，中共中央办公厅、国务院办公厅印发《乡村建设行动实施方案》，提出 2025 年我国乡村建设的行动目标。在百年变局和世纪疫情的影响下，乡村建设是夯实"三农"压舱石的重要抓手，也是建设全国统一大市场的需要，更是乡村投资精准发力的重要着力点。《乡村建设行动实施方案》提出，要实施农村道路畅通工程。交通基础设施对于在新发展阶段全面加强乡村建设，实现宜居宜业美丽乡村具有重要意义。

一是硬件建设和软件补充的互促关系。交通、水利、能源、卫生、信息等硬件基础设施直接对乡村生产和生活产生影响，特别是交通网络的完善程度决定了区域物资供应成本和产业结构，要继续开展"四好农村路"示范创建，推动农村公路建设项目更多向进村入户倾斜。党的十八大以来，农村交通基础设施建设整体日趋完善，但基本公共服务和产业发展还存在一些薄弱环节。软件基础设施决定了乡村生活和发展的长期吸引力，只有充分融合、发挥硬件的支撑作用和软件的吸引作用，才能进一步提升乡村宜居宜业的水平。要以县域为单元，加快构建便捷高效的农村公路骨干网络，推进乡镇对外快速骨干公路建设，加强乡村产业路、旅游路、资源路建设，促进农村公路与乡村产业深度融合发展。积极推进具备条件的地区城市公交线路向周边重点村镇延伸，有序实施班线客运公交化改造。开展城乡交通运输一体化示范创建。

二是质量实效与数量速度的主次关系。农村交通基础设施建设要顺应乡村发展规律，防止超越发展阶段搞大拆大建，尽力而为又量力而行，求好不求快。乡村建设一定要坚持稳中求进工作总基调，把质量实效放在第一位，把数量和速度放在第二位，要以发展实绩和成效作为工作质量评判的首要准绳，以农民获得感、幸福感、安全感作为检验工作成效的第一把尺子。推进较大人口规模自然村（组）通硬化路建设，有序推进建制村通双车道公路改造、窄路基路面拓宽改造或错车道建设。加强通村公路和村内道路连接，统筹规划和实施农村公路的穿村路段建设，兼顾村内主干道功能。交通基础设施建设既事关国家发展大局，又事关农民个人生活，只有遵循乡村发展规律，确保稳步推进乡村建设，才能利于党的兴旺发达和国家长治久安，才能经得起历史的检验。

三是现代发展与乡土特色的嬗变关系。近百年前，梁漱溟领导的乡村建设派就对中国乡村如何建设进行了探索和实践。文化破坏是乡村经济式微和矛盾激发的首要因素。乡村建设实施方案中，再次强调了传统村落民居和优秀乡土文化的重要性，在乡村建设上不搞"一刀切"，不机械照搬城镇建设模式，是对乡村现代发展和传承保护乡土特色的科学思考。交通基础设施建设在吸纳现代文明元素的同时，在范式和内涵上要与乡土特色文化交融嬗变，讲好乡土故事。

四是政府引导和农民主体的互动关系。明确政府在规划引导、政策支持、组织保障等方面职责，禁止政府大包大揽、强迫命令。首先，要厘清农民和政府在乡村建设具体项目上的职责。其次，在农村交通基础设施建设规划制定、建设监督和成效评价中，给予农民知情权、参与权和监督权，坚持问计于民、问需于民，实现政府和农民良好的互动关系。

五是立足当前和着眼长远的辩证关系。我国东西、南北差异明显，村情差异较大。交通基础设施建设在因地制宜的前提下，必须坚持绿色发展理念和可持续发展原则，"绿色"才是美丽乡村的底色，先建机制、后建工程是确保乡村可持续发展的基本保障。打基础、求实效、利长远，才能实现宜居宜业美丽乡村。

二 科学谋划，助推产业兴旺

乡村产业兴旺，首先需要将资源禀赋条件转化为比较优势。交通基础设施的数量和质量不仅会影响直接生产部门的成本和收益，也会对流通业等间接生产部门产生影响。产业公路、资源公路、旅游公路能够促进乡村商品市场、资金市场、人才市场和信息市场的建立完善，促进各种资源有效配置和高效使用，推动乡村区域主导产业发展壮大和提质升级。因此，交通基础设施发展需要与区域内部产业布局相适应，在加强有效衔接脱贫攻坚成果时，科学谋划"十四五"乡村交通发展规划，将主导产业发展需要纳入规划中，推动串联乡村主要旅游景区、主要产业园区、中小城镇和特色村庄的交通基础设施建设，发展路衍经济，探索交通驿站"交旅融合"等多种"交通+产业"综合经济发展模式，促进交通与乡村产业融合发展。

三 绿色引领，助推生态宜居

生态宜居的本质是人与自然和谐共生。农村交通基础设施在建设时会对周围生态环境产生影响。实施乡村振兴战略，要将节能低碳、环境保护的理念贯穿到乡村交通发展的规划、建设、管理等各个环节，最大限度地加强对重要生态功能区的保护。在建设中宜用环保材料和技术，加强建筑材料回收利用，推动绿色公路发展。对环境脆弱、人口流失严重的村落区域，限制新改建交通项目，加大拓展乡村生态空间。继续在全国深化"美丽农村公路"建设的标准和要求，加强路域景观设计和当地特色文化的结合，促进公路、生态、人文历史有机融合。推动交通建设项目更多向进村入户倾斜，加强村组内部道路连接硬化，特别是补齐易地扶贫搬迁集中安置区对外交通的短板，助推美丽宜居乡村建设。

四 规范管理，助推乡风文明

乡风文明是乡村振兴的重要推动力，为乡村振兴提供内在精神动力，也是提升农民素质、增强幸福感的现实需要。乡风文明的核心是尊重农民主体地位。加强农村公路建设和质量管理，落实农村公路建设"七公开"制度，接受群众监督。健全维护农村公路的乡规民约、村规民约，建立共建、共治、共享的群众参与体系。立足老龄化社会交通需求，加强农村交通无障碍出行设施建设，提高农村交通基础设施针对特殊群体的服务水平。加强农村交通文明、交通安全宣传教育，增强出行者的规则意识、法治素养和社会责任，助推交通文明乡风。

五 深化改革，助推治理有效

改革开放以来，我国乡村社会发生重大转型。劳动力结构向老龄化加速，市场力量正逐步成为农村资源配置的主导力量之一。伴随脱贫攻坚全面胜利，农村贫困由绝对贫困向相对贫困转变，农村经济社会的重大转型要求农村改革的目标更加多元。2015 年，中共中央办公厅、国务院办公厅印发的《深化农村改革综合性实施方案》，全面深化五大领域改革，其中之一就是农村社会治理制度，要求整合乡村群体力量，构建乡村治理新体系。2021 年，财政部办公厅下发《关于进一步做好农村综合性改革试点试验工作的通知》，支持试点地区探索创新改善乡村治理机制。治理有效对农村交通基础设施提出了直接要求，要实现"有路必养、有路必管"的目标，维护路产、路权的完整。全面落实县、乡、村道三级"路长制"，建立以各级公共财政投入为主、多渠道筹措为辅的农村公路养护资金保障机制，推动农村公路养护市场化改革，探索农村公路骨干路网统一养护和周期性养护，完善数字交通治理体系，加强农村交通基础数据资源整合，发挥信息化在农村交通中的支撑作用，提高农村交通智能化、精细化、专业化水平。

六　聚焦目标，助推共同富裕

共同富裕是社会主义的本质特征和基本要求，也是我国经济社会发展的最终目标。交通基础设施是影响乡村振兴的关键性政策变量，发展功能完善、结构合理、城乡协调的交通基础设施是我国实现共同富裕的必然要求。发展交通基础设施，缩小以公路体系为代表的城乡发展差距，强化城镇与农村的经济联系，充分发挥中心城市的辐射带动效应，促进城乡共同富裕、区域共同富裕。发展交通基础设施，促进欠发达地区人力资本提升，促进优质的城市教育资源向欠发达地区倾斜，促进农村剩余劳动力向城市转移，强化交通基础设施对外开放的市场效应，提高长期教育投资回报率，激励农村地区加强人力资本积累。持续在小型交通基础设施建设领域积极推广以工代赈模式，继续开发深化"四好农村路"各类公益性岗位，拓宽脱贫人口和农村就业困难人员就业渠道，发挥交通基础设施补充基本公共服务的政策效用。

第二节　以高质量发展理念优化交通资源配置格局

新中国成立以来，特别是改革开放以来，中国农村地区的交通基础设施发展发生了历史性变革，取得了历史性成就。2020年全面建成小康社会后，在乡村振兴战略的指引下，已脱贫地区进入交通基础设施高质量发展的新时代。在"产业兴旺、生态宜居、乡风文明、治理有效、生活富裕"的总要求下，已脱贫地区积极适应新的形势要求，坚持内部高质量发展，提高对外开放水平，把握我国向交通强国迈进的发展转型黄金期，在扩大高等级交通基础设施规模效应、调整适配经济发展的结构效应、集约绿色发展的示范效应等三方面着力推进，为畅通城乡经济循环，促进农业高质高效、乡村宜居宜业、农民富裕富足，加快农业农村现代化提供有力支撑。

一　扩大高等级交通基础设施的规模效应

农村地区多位于区域中心城市对外交通联系的边缘地带，虽已解决区域性整体贫困问题，但以高速公路为代表的高等级交通基础设施建设仍相对迟滞。脱贫地区与区域中心城市实现交通网络快速高效连接，形成外通内联的交通格局，是打开生产要素联系空间通道的重要前提。乡村振兴期内，要继续在西部地区加快高速公路建设布局，增加高速公路网络密度，强化区域之间交通可达性，提升经济活动在生产、交换、分配和消费环节的集聚强度并加大扩散力度。由于高速公路建设成本高，资金保障匮乏仍是制约西部地区交通发展的关键瓶颈因素，需要进一步破解行业发展资金难的问题。一是改革政府财政资金政策，建立事权和支出责任相适应的制度机制，优化财政性资金补助使用管理，提高投资效率。高速公路与其他行政等级道路不同，是具有收益性质的公益性交通基础设施，具备市场化融资能力。对高速公路建设资本金进行一定比例的车购税投资补助，结合具体情况设定补助上限，构建省级范围内差异化补助机制，在国家鼓励融资的前提下，采取增强型并购中期票据、创新型降负债资产证券化、基金债券、债权融资计划、基础设施公募 REITS 等多种方式，扩大融资规模，降低企业负债风险，鼓励吸引社会资本进入高速公路投资领域。对于市场化融资较困难的高速公路项目，按照成本预测、回收年限、收费费率、合理回报、政府补贴、动态调整等因素安排财政资金专项支持，地方在中央投资补助标准基础上，根据项目收益调整投资补助比例。二是高速公路建设投融资向市场化和多元化方向改革。西部地区资金瓶颈制约严重，要在投融资改革上加大力度。我国经营性高速公路收费年限为 25 年，政府还贷高速公路收费年限为 20 年，针对西部地区高速公路资金缺口较大的问题，根据民营资本投资规模，允许投资额较大的投资方延长特许经营年限，鼓励资金雄厚的民营资本进入建设市场。同时，在西部地区试点高速公路产权、建设管理权和经营管理权进一步深化改革，产权归国家所有，将建设管理权和产权分离，将建设管理权和经营管理权分离，吸引多元投资主体参与项目建设和运营，提高高速公路路产的盈利率。

二 调整交通基础设施适配经济发展的结构效应

交通基础设施行政等级不同，所承担的服务经济的职能和定位不同，对经济结构中的产业结构和区域生产力布局有不同的重要影响。高速公路是经济发展的"大动脉"，而国省干线公路则承接了连接高速公路与农村公路之间、城市节点与乡镇群落之间的重要职能，是区域产业结构调整和城乡融合发展的重要硬件基础。在中西部地区，正在承接东部地区的产业转移，国省干线公路的网络效应能够促进更大范围内人口、要素和技术的流动。国省干线公路在中西部地区已经初步形成网络型格局。中心城市及周边城镇往往会形成经济组团结构，但部分相对偏远地区与这些经济增长点之间尚未形成区域经济一体化发展格局，重要原因就在于局部干线公路虽已成网，通达深度增强，但平均技术等级较低，抗灾能力低和服务水平不高。国外发达国家数据显示，城镇化水平在 10% 以下，公路发展重点以增加规模（长度）为主；当城镇化水平超过 30% 低于 70% 时，公路发展以提高技术等级为主；当城镇化水平达到或超过 70% 时，公路发展以强化主干线为中心，在交通流量较大地区增加绕行线、车道数和限流等措施。乡村振兴期内，脱贫县区和重点帮扶县城镇化水平大部分未超过 50%，基于干线公路对区域经济结构和产业结构影响重大，要提高干线公路等级水平，完善中心城市与欠发达城镇之间城际快速路网建设，提高干线公路路网通行能力和辐射带动作用，特别是乡村振兴重点帮扶县县域周边路网结构和首位产业园区对外通道，匹配经济社会发展程度，促进产业结构趋向优化。

农村公路是农村经济发展的"毛细血管"，既是一产发展的重要基础，也是三产融合发展的基本前提。部分已脱贫地区和乡村振兴重点帮扶县农村公路规模不足，内部干线、次干线和村组路连接不畅，抗灾能力弱，安全设施防护不完善，养护长效机制未健全，产业路规模小、技术等级低等问题仍然存在。要继续加强村组路通达深度，巩固脱贫攻坚具备条件乡镇和建制村通硬化路的成果，提升产业路规模和技术等级，加强养护管理和灾毁水毁修复工作，加快通乡镇"二级路"目标实现，统筹规划跨行政边界农村公路成网联接，充分发挥农村公路辐射、沟通广大农村地区的桥梁纽带作用，助力提升农村人居环境，强化农村公路对县域、镇域经济增长和人口结构调整的积极促进效应。

三 发挥交通基础设施绿色智慧发展的示范效应

进入"十四五"之后，我国生态文明建设进入以降碳为重点战略方向的关键时期。推动减污降碳协同增效，促进经济社会全面绿色转型，是交通运输高质量发展、建设交通强国的必由之路。曾经的集中连片特困地区，多位于"青藏高原生态屏障"、"黄土高原—川滇生态屏障"和"东北森林带"、"北方防沙带"、"南方丘陵山地带"两屏三带地区，是我国生态脆弱类型最多、分布面积最大的生态屏障脆弱区域。因此，在这些地区要强化国土空间规划对交通基础设施规划建设的指导约束作用，强化交通建设项目生态选线选址，合理避让重要生态功能的国土空间，对于环境脆弱、人口流失严重的拟搬迁村庄，统筹生态保护和易地搬迁安置规划等要求，限制新改建交通项目，拓展乡村生态空间；引导有条件的农村公路参照绿色公路要求协同推进"四好农村路"建设；加强路面材料循环再生技术，推广交通基础设施废旧材料、设施设备等综合利用，鼓励工业固废、建筑废弃物在交通建设项目中的规模化应用；在干旱缺水地区的公路服务区，鼓励建设污水循环利用和雨水收集利用设施；推动公路服务区、客运枢纽充（换）电设施建设，在西部地区因地制宜探索推动公路沿线和服务区布局光伏发电设施等。

通过信息技术应用创新为农村交通基础设施赋能。逐步在具备条件的农村地区提升交通数字化水平，开展农村公路建设、管理、养护、运行一体化综合管理服务平台试点。以农村公路数字平台为基础，拓展创新 MaaS（出行即服务）功能，鼓励旅游、产业等各类乡村信息开放共享、融合发展；在生态脆弱地区，开展复杂环境交通灾害预警系统研究，实现以需求为导向，以数据为驱动，以智慧为核心的农村交通发展目标。

第三节　以路衍经济模式激活农村产业发展动力

交通基础设施的设计和建设是根据承担的经济社会职能、地形地貌、地质条件等因素确定。公路基于自然条件，把城市、村镇、产业园区、旅游景区等连接起来，形成了网络和带状结构，公路沿线区域的国民经济发展、生产力布局、文化和居民生活受到重要影响。路衍经济基于公路带状和网状的自然技术属性和对区域经济的辐射拉动作用，通过对路域沿线人流、物流、资金流、技术和信息流进行整合优化和有效匹配，在与相关产业的融合中，衍生、创新新经济业态，拓展区域经济发展空间，形成更加开放、更具活力的经济发展格局。路衍经济的研究起步于 20 世纪 90 年代，有"路域经济""路延经济""路沿经济"等提法，主要针对的是高速公路服务区产业发展。近两年，学界和部分省份在应用中提出了"路衍经济"概念，将产业范围拓展到公路交通全领域，并将其作为新产业、新经济形态进行体系化研究、产业化布局，是更开放、更宽阔、更具创新力的交通融合区域产业发展的新模式和新思路。

农村地区生态经济资源丰富，生态农业、地质遗迹景观、中草药资源等都具备转化为经济优势的可能。2005年，时任浙江省委书记的习近平同志在湖州安吉余村考察时，首次提出"绿水青山就是金山银山"。一周后，他在《浙江日报》发表评论指出，"生态环境优势转化为生态农业、生态工业、生态旅游等生态经济优势，那么绿水青山也就变成了金山银山"。2020年3月，习近平总书记重访"两山论"发源地。看到余村的变化，他很欣慰："余村现在取得的成绩证明，绿色发展的路子是正确的，路子选对了就要坚持走下去！"许多农村地区生态资源丰富但也是生态环境脆弱地区，虽然无法承载规模工业，但只要具备良好的交通基础设施，开发路衍经济，完全可以成为新经济业态的创新高地。

一　公路旅游资源衍生开发

公路旅游是带动村镇产业发展的有效路径，是促进城乡融合的重要举措，是增加农民收入的新渠道。2000年以来，全国私人汽车保有量持续增长，特别是2008年之后迅猛增长，截至2021年末，全国民用轿车保有量16739万辆，其中私人轿车保有量15732万辆，比2008年私人轿车1947万辆增加近7.1倍。汽车普及带来的是生活方式的改变，自驾游开始成为一种新的休闲方式，公路也成为一种经济资源。2000年之前，我国建设旅游公路主要以景区为目的地，为了更便捷地输送旅客。随着近20年的汽车社会的快速发展，旅游公路正在向"公路旅游"转变。公路旅游是建立在公路文化基础上的，通过挖掘与其相关的自然资源、人文资源、产业资源等，多种要素综合配套的特色旅游方式，正在成为吸引国内大批自驾游旅客的新的消费方式。已脱贫地区和乡村振兴重点帮扶县在"十四五"期间仍将继续完善路网建设，结合乡村振兴战略实施，参考国外公路旅游与产业发展的经验，加快推进公路与旅游资源的融合，探索公路旅游资源衍生开发，带动沿线农村地区发展。

（一）国外公路旅游发展模式

公路旅游从20世纪30年代在美国逐步兴起。20世纪30年代美国大萧条背景下，罗斯福政府放弃自由放任经济政策，转向凯恩斯理论，运用政府这只"看得见的手"积极投资基础设施建设，以工代赈，扩大内需。其中，重要的一项举措就是国家公园东扩，推动了国家公园内部公路旅游的兴起和发展。公路旅游目前主要有三种类型：自然景观型公路旅游、文化景观型公路旅游和产业集群型公路旅游。欧美国家乡村景观道路的建设相对成熟，例如，美国蓝岭公园大道结合自然魅力和乡村趣味，是世界游客自驾游著名胜地。蓝岭公园建设之初路线涉及 3 个州，产生了路权之争，最后，作为一项国家项目，联邦政府统筹协调，专家论证，在坚持公路旅游风景性第一的原则下，选择了地理位置多变和风景观赏性最强的一条路线，将最好的景点串联起来，路线布设在山脊以及山顶海拔较高位置，为游客提供了更多样的体验，成为美国最受欢迎的公园大道。德国南部的"浪漫之路"以文化景观著称，主要特色是沿途串联一系列古建筑，包括古堡、中世纪老城、乡村教堂、皇宫、小镇等。挪威西南部特罗斯蒂戈路线，政府通过与建筑设计结合加强特色，设计具有现代感的观景平台、徒步长廊和现代建筑，对于自然景观优势不突出区域，通过增强建筑文化特色以发展公路旅游。德国的"葡萄酒之路"不仅有中世纪城堡、百年修道院等历史古迹和乡村风景，更将各个酒庄、葡萄酒博物馆、欧洲最老的葡萄园、葡萄酒水疗度假村等景点连接起来，构成德国西南部的葡萄酒产业集群带，每年 3 月到 10 月这条路线举行众多露天葡萄酒节，各个葡萄酒生产商和酒馆为旅游者提供住宿和餐饮服务以及各种葡萄酒体验活动。"葡萄酒之路"通过公路旅游增强旅行者对葡萄酒的体验，促进了旅游和产业深度融合发展，充分发挥了产业集聚效应。

国外发展较好的公路旅游产业具有如下几个特征：一是统筹规划和设计，尽可能多地串联起自然文化景观和其他资源，整体设计，科学规划，避免单打独斗、低水平开发；二是精心打造、强化特色，深入挖掘自然景观和文化景观的独特性；三是和其他产业深度融合，以公路旅游促产业发展，以产业发展吸引公路旅游；四是政府顶层设计，民间资本积极参与，以旅行者需求为导向提供多样性旅游体验。

（二）现存问题与不足

秦巴山区、武陵山区、乌蒙山区和部分藏区及南疆地区等拥有丰富的民族文化和自然风景资源，具备发展公路旅游的自然条件，但在道路基础设施、旅游项目、配套产业方面发展仍然滞后，需要从整体上促进公路旅游行业的提质增效和转型升级。

公路旅游涉及交通行业、文化旅游行业以及地方政府等，需要顶层设计、各方参与，系统性推进脱贫地区和乡村振兴重点帮扶县的公路旅游发展工作。首先，应尽快对公路旅游的路线空间布局、产业发展、市场发展等进行科学规划。其次，公路旅游尚处于起步阶段，陕西省各地推进公路旅游发展的意识不强，缺少共享发展的理念。公路旅游需要跨区域统筹配套各种资源要素，尤其是在沿路城镇发展差距较大的情况下，在基础设施建设、旅游产品开发等方面，需要专门设计公路旅游线路和产品，但是目前各片区公路旅游仍然以各地方自主发展为主，缺少科学的设计和营销推广活动，各相关部门在政策对接、职责分工、目标任务和工作时间表等方面未形成合力。各地区公路旅游综合设计特色化不足。公路旅游以公路文化为主题，因此，道路建设标准、路线设计一定要凸显特色化，在"路"的设计和建设上仍有待精心打造，道路两边的绿化景观设计，路线和山岳、河流的感官融合，与城镇、村镇风貌建设的结合等需要充分利用，公路旅游以自驾游为主，这对沿线"吃住行游购娱"各个方面提出了更高的个性化要求，但是村镇停车休息、住宿、餐饮、娱乐设施水平普遍较低，旅行者的多样化需求不能满足。最后，资本投入未形成规模，公路旅游路线主要由政府在交通道路方面投入基础设施建设，旅游企业，特别是龙头企业在公路旅游的发展上仍然缺位。民营资本投入少、旅游产品层次低、产业综合服务能力较弱、管理水平发展滞后，是不能实现公路旅游规模化发展的重要因素。撬动民营资本投入公路旅游行业发展，是激活这一新兴业态的重要动能，需要宽松的投资政策吸引，如对民宿经济发展的鼓励、沿线旅游产业的招商引资优惠、公路沿线旅游项目的用地审批等。多方位激活民营资本加入公路旅游产业发展中，高效益产品和新业态才会进一步发展，旅游管理水平才能进一步提高，才能够向游客提供多样化产品，激活公路旅游市场活力。

（三）公路旅游资源衍生开发的建议

乡村振兴期内，公路更多地将作为旅游的主要平台，以撬动产业发展、群众就业。要围绕"路"做好旅游这篇大文章，跳出以前仅满足出行功能的旧思路，公路旅游将成为实施乡村振兴战略的一条新路径，创造欠发达地区公路旅游的"产业范本"。

一是推动跨区域合作，编制秦巴山区、武陵山区、乌蒙山区等片区的公路旅游总体规划，做好顶层设计，明确总体发展思路，优化整体空间布局，发展区域公路旅游产业一体化网络，确定推动公路旅游发展的政策、路径和抓手。在总规划指导下，沿线城市修编完善各自公路旅游发展规划，做到相互借鉴和衔接。二是建立各片区公路旅游发展企业联盟，由国内外具有影响力的龙头企业牵头组建，邀请大型旅行社、自驾游联盟、民宿业、酒店业、餐饮业、户外活动企业等参与，建立旅游投资、运营管理、人才培养等领域的市场合作机制。三是精心打造公路旅游示范工程与设施，强化特色服务。出台各片区旅游公路工程建设技术标准，线路设计应根据公路旅游特点，增强道路驾驶体验性，在具备条件路段适当增加车道和停车带，结合地域环境和需求设置步行道、自行车道等慢行系统以及采用原木护栏等自然式方法合理设置安全设施，统一片区旅游公路标识标牌和旅游景点标识设置；公路沿线景观绿化工程充分融合利用原有的优质景观资源，结合路域视野范围内植被景观、村镇风貌等条件，设计丰富多样的景观，精心打造公路沿线整体视觉景观。四是鼓励民间资本投资公路旅游产业，积极吸引国内外大型旅游集团投资公路旅游项目，鼓励支持本土旅游企业在公路旅游项目上的创新，培育带动民间资本进入公路旅游行业；通过税费减免和低息贷款等方式，鼓励民间资本在公路旅游沿线建设旅游驿站、民宿、户外营地等旅游项目，形成有规模的公路旅游产业廊道，融合沿线旅游资源和产业发展，激活社会力量助推公路旅游发展壮大。

二 公路空间场地衍生开发

乡村振兴战略实施建立在产业发展基础上，产业发展需要市场，市场由"路"带来。发展产业不能仅仅依靠路网单向输出产品，还要注重通过"路"引来客流。公路旅游是已经具备基础条件的、成本最低的发展项目，而在公路旅游的基础上，建设"乡村公路驿站"是衍生开发路域资源、有效利用农村公路空间场地、加快推进乡村振兴战略的新路径。我国农村公路路网初步形成，已经和国省道、高速公路基本形成有效路网衔接，具备了由单纯交通基础设施向复合型经济社会服务体转变的条件。结合乡村振兴战略实施，参考国外乡村旅游与产业发展的经验，通过拓展创新农村公路空间场地资源的衍生模式，建设"乡村公路驿站"，加快推进农村公路与三次产业的融合，探索以公路行业为先导的多元化发展路径，以带动农村路衍经济发展。

（一）"乡村公路驿站"的定位与职能

我国农村地区在精准扶贫和脱贫攻坚期内，已经结合当地资源禀赋初步形成特色主导产业，但由于区位劣势、产业链条不完善和空间布局分散等因素，产业振兴仍面临较大困难。交通基础设施线网直接联系到市场和原材料产地，影响经济主体之间的技术协作和经济合作，能够促进产业布局的相对聚集。

"乡村公路驿站"是整合农村公路、文旅资源和乡村产业资源的复合型经济社会服务体，以激活乡村内生资源、重塑乡村发展活力为目标，承担休憩服务、旅游导引、特色经济展示与销售以及公共服务等职能。驿站除了为农村公路旅行者提供舒适安全的休息环境，还可以提供覆盖乡村的旅游指引和路线设计等服务，提供体验乡村资源的交流活动，是当地特色产品展示销售的平台。不同于传统休息区、服务区的概念，乡村公路驿站是所在区域经济特色展示、生产和生活活化的节点，是汇集乡村各类产业的小型产业园区。

（二）日本公路驿站助力乡村振兴的发展经验

二战后日本经济高速增长，城市化加速了乡村的衰落。为缩小城乡收入差距，发展相对滞后的农业经济，日本在乡村振兴的不断摸索中创新发展了公路驿站的产业发展模式。公路驿站是以"地产地消"为特征的农产品直卖所基础上衍生的一种公路服务综合体。日本农产品直卖所产生于20世纪80年代，当时日元升值和农产品对外贸易自由化程度的大幅提升，给均价偏高的日本本土农产品销售带来较大冲击。为减少"农户—农协—批发市场—零售店—消费者"的多节点流通链条，降低农产品运输成本和交易成本，日本农户自发成立了直卖所雏形组织，不久日本农协开始成为直卖所流通的直接承担者。20世纪90年代初，日本针对长途驾驶和高龄驾驶员增多的情况，国土交通省开始在普通公路建设服务站，提供休憩设施。为推动乡村产业发展，日本市町村、国土交通省以及商界、学界等社会各界力量结合公路休憩驿站建设，形成了公路特色驿站的乡村产业发展模式，截至2020年7月，日本已有1180家公路特色驿站。日本公路特色驿站在30年的发展中不断改进，为促进农村一二三产融合做出了重要贡献。

日本公路驿站的选址布局与功能设置。日本公路驿站超过80%设立在远离大都市圈的山区和半山区，以农业为主导产业的北海道地区驿站数量最多。大多数驿站分布于城乡公路交会处、高速公路出入口或乡村车站附近，还有部分驿站依托当地温泉资源或森林公园等旅游设施建设。驿站除了基本的基础设施，如停车场、卫生间、休息室、母婴室、信息（道路信息、旅游信息、急救医疗信息等）提供处等，还结合当地特色配备农产品直销处、农家餐厅、茶室、加工坊、温泉疗养院、博物馆、民宿、农业体验园等设施，其中农林水产品直卖点和餐厅基本实现全覆盖。可以看到，驿站除了提供休憩功能之外，最重要的就是承担了振兴区域经济、发展农业和旅游业的职能。

日本公路驿站的注册建设与运营管理。驿站注册采取自下而上的申请一审批制，主要参与主体是市町村、公路管理者（地方道路公司和地方公共团体）和国土交通省。市町村提出建设构想，公路管理者与市町村进行可行性论证，通过后由公路管理者推荐给国土交通省。驿站建设由市町村和公路管理者承担，建成后市町村向国土交通省提出正式注册申请，获批后正式运营。驿站的建设资金补贴可向农林水产省申请农山渔村活化支持补助金和国土交通省的社会资本整备综合补助金，由中央财政和地方财政共同负担，此外政策金融机构也会为驿站建设提供低息贷款。模范驿站还可得到总务省、经济产业省、观光厅等其他政府部门的全方位资助。驿站的管理运营以委托管理运营制度和指定管理运营制度为主，两者的区别在于，委托管理运营者以从市町村收取委托管理费为收入，指定管理运营者可将消费收入作为营业收入，独立核算和独立运营，市町村向指定管理者收取营利设施承包费，同时也向指定管理者支付公共设施委托管理费。

（三）公路驿站资源衍生开发的建议

随着集中连片特困地区实现区域性脱贫，以及片区内部交通基础设施的逐步完善和高质量发展，"十三五"期间，部分省份开展了国省干线公路服务区建设和农村公路服务驿站的探索。但大多聚焦于建设基础功能本身，没有将"交通综合服务设施"、"旅游文化资源"和"乡村产业振兴"三者有机结合。以公路配套服务为先导的复合多功能设施，必然是我国交通行业融合地方经济发展的新切入点。为推进公路路网资源与乡村自然资源、产业资源的有效融合，建议在部分自然资源丰富、产业基础扎实的地区，先行试点建设"乡村公路驿站"项目，助推已脱贫地区和重点帮扶县实现乡村振兴。

围绕"休憩、商业、协作、服务"功能，在具备条件地区先行先试"乡村公路驿站"项目。选择特色景观乡村路试点，以沿路显著的自然景观或文化景观吸引客流，通过"公路旅游"带动建设"乡村公路驿站"。驿站的功能除了为公路使用者提供舒适安全的休息环境外，还能活化带动区域特色乡村经济，是多功能复合的道路休憩设施。乡村公路驿站的选址可以依托干线公路服务区、农村公路道班和公交站场等，提供覆盖乡村的旅游指引和路线设计等服务，提供体验乡村资源的交流活动等。在传统休息区、服务区的概念上，乡村公路驿站还应成为所在区域经济特色展示、生产和生活活化的节点。江西萍乡市芦万武旅游公路就把风景名胜区和公路建设、驿站道班配套结合起来，实现从"旅游公路"向"公路旅游"的转变，应继续在"公路旅游"的基础上，将"旅游文化资源"、"交通综合服务设施"和"乡村产业振兴"三者有机关联，实现一二三产融合发展。

政府建设、多元化运营，积极吸引民营资本参与，带动乡村产业发展。从国外经验来看，政府建设、多元化资本运营的方式较为合理，可以有效提高公共设施的使用效率和服务质量。日本公路驿站由交通部门和市町村建设，国土交通省、农林水产省和经济产业省、观光厅等均提供项目资助，市町村等对驿站的经营管理方法充分论证后才能开业。日本公路驿站运营管理方有地方政府出资的法人、地方政府和企业共同出资经营的企业、非营利组织、企业等，其中民营资本居多。多元化运营管理方式有助于灵活发展产业融合机制，形成与小农户衔接的合作网络和利益联结机制，对主动适应消费需求变化、发展新业态有积极作用。

将乡村公路驿站作为乡村产业孵化园，做大产业集群，推动三产深度融合。公路驿站将交通流量和农工商一体化经营相结合，要在产业链条上强链、延链、补链。乡村产业二产、三产普遍发展薄弱，产业链存在发展水平低、环链简单、特色优势不突出等问题。建议产业部门依据"强链、延链、补链"的要求，根据区域主导产业和发展规划，在驿站产品设计上找准特色主导产业链存在的空白环节、薄弱环节和低附加值环节，加强驿站产品加工、品牌建设和体验服务等业态的融合，谋划补链、强链、延链关键项目，充分利用交通驿站的区位优势培育壮大乡村特色优势产业。

第四节　强化无形资本投资与基础设施投资的互补性

从历史上看，基础设施投资是中国促进经济快速增长的重要经验，也有大量国内实证研究验证了基础设施对经济增长的促进作用。全球欠发达地区的经济发展史证实，低收入经济在发展初期主要解决的问题是如何促进劳动对自然资源的替代，特别是自然资源禀赋相对于人口不足的情况下，通过使用更多的劳动和资本以提高自然资源的生产力。当进入工业化后，经济体对自然资源的依赖性降低，经济增长开始依靠促进资本积累和资本对劳动的替代。基础设施作为经济发展的"先行资本"，是实现工业化的必要条件。但是积累的基础设施存量资本能否得到有效利用，则取决于人的能力和社会组织。以交通基础设施为代表的有形资本投资，本质上是为了提高未来资源利用型活动效率。经济增长率不仅取决于资本积累率，而且取决于资本在各种投资机会中的配置，特别是在有形资本和无形资本之间的配置。效率和公平是人类社会基本价值追求的两个重要目标。经济增长回答了关乎"如何生产"的效率问题，经济发展则在经济增长的基础上，回答的是"为谁生产"的公平问题。从经济增长视角来看，如果不平等增长失衡，会破坏经济活动的社会和政治基础。低收入地区大部分商品市场和资本市场高度不完善，社会和经济体发生着重大的结构性改革，因此，在经济增长的基础上，更需要做的事情是如何使低收入地区经济步入可持续发展的轨道，仅仅培育有形资本积累机制实现经济增长，显然是不足的。乡村振兴战略从其本质上来说，是对欠发达区域一种全方位的变革。交通基础设施的发展目标应该是为经济社会发展而服务。为了实现发展的目标，需要什么样的制度和组织也同样重要。

一　经济增长变化的理论路径

（一）经济增长动力的变化

从亚当·斯密到马克思，都认为资本积累是经济增长的发动机，通过压制消费的机制实现高资本积累率，从而促进经济增长。20世纪30年代，凯恩斯提出社会总需求不足会影响经济增长，因此他提倡通过政府干预，采取扩张性的财政政策和货币政策扩大投资，刺激消费，使社会总需求和总供给匹配，从而克服生产过剩，实现充分就业和稳定增长。20世纪四五十年代，强调资本积累的发展经济学家们认为贫困中的发展中国家由于收入接近生计水平，不可能跳出低收入和低储蓄的恶性循环，因此自由市场无法实现资本积累，在没有大规模外来资本的条件下，无法通过扩大投资实现经济增长。平衡增长理论、哈罗德—多马模型、低均衡陷阱模型认为为了加速低收入国家的经济增长，需要通过政府计划或命令等强制储蓄机制促进投资。但依靠政府命令进行资本积累的苏联中央计划经济的崩溃，使人们对资本积累是经济增长的关键这一观点产生了怀疑。

以索洛为代表的新古典经济学家认为，基础设施的扩张终将受制于边际报酬率递减规律，经济长期增长依赖于技术进步。库兹涅茨用增长核算分析方法计算得到，与资本积累的作用相比，技术进步在经济增长中起主导作用。他认为产业革命以来西方国家现代经济增长依赖于技术的持续进步，"科学被广泛地用来解决经济生产问题"。但是通过增长核算分析延伸到19世纪初，阿布拉摩维茨（Abramovitz）认为工业化初期的经济增长类型主要是以资本积累为基础的。日本发展经济学家速水佑次郎认为，阿布拉摩维茨的时间界定同罗斯托的起飞和趋向成熟阶段相一致，第一阶段称为"向初级工业化转变"，第二阶段为"向高级工业化阶段转变"，美国在新生的工业经济成熟之前，也出现过以资本积累为核心的增长类型，库兹涅茨总结出的现代经济增长类型替代出现在经济到达工业化的高级阶段。从美国和日本的经济增长历史来看，二者都从以资本积累为基础的马克思增长类型，成功转向了以生产率改进为基础的库兹涅茨增长类型，伴随资本收入份额变小而劳动收入份额变大，收入分配平等程度得以提高。

（二）经济增长动力转化的条件

苏联经济增长的失败在于未能成功地从马克思增长类型向库兹涅茨增长类型转变。在几乎没有技术进步的条件下快速实现资本积累，会因资本报酬严重下降而使经济增长陷入困境。从马克思增长类型如何能够成功转向库兹涅茨增长类型，速水佑次郎认为其中的机制可能包括两种：一是工业技术体制由可见技术（如机械化）变为不可见技术（如信息化），二是人们的需求从标准化产品转向有差异的产品。

技术进步率的速度在第一阶段向第二阶段转变的过程中极其重要。如果第二阶段技术进步率还像第一阶段一样低，资本报酬下降就会普遍存在，第二阶段资本产出比例将继续上升。技术进步率的速度取决于科学的系统应用，包括科学家团队有组织的研究和使新技术有效应用的工人能力的变化。

两者缺一不可。因此，可以预见，基础设施作为重要的有形资本在第一阶段经济增长中做出了更大贡献，而在第二阶段，需要在新的技术体制下，大力推动诸如教育和研究这样的无形资本投资，推动总生产率的更高增长。

技术进步的倾向是由使用有形资本节约劳动型转变为使用无形资本节约有形资本型。当人均收入达到一定水平后，需求将从标准型产品向差异化产品转变，人的能力和知识的边际生产率相对于有形资本的边际生产率大大提高，从而导致工资报酬率迅速提高，马克思增长类型中产生的收入分配不平等得以改善。因此，技术变革和产品需求结构的变化，共同决定了技术进步的速度和方向，推动经济增长向高级工业化阶段转变。

二 无形资本的互补性投资

有形资本和无形资本之间的互补性是内生增长模型的重要基石。卢卡斯认为，平衡增长的人力资本为实物资本积累提供支持，否则实物资本积累的报酬率将大幅下降；而人力资本的增长，如果缺少实物资本的结合，对生产率的增长贡献也会十分有限。农村地区在交通基础设施赶超发展的基础上，还要强调以教育和研究为内容的无形资本赶超，才能实现可持续的经济增长和收入差距缩小。由于教育和研究投资具有较高的贴现率，对于受投资约束较强的欠发达地区，乡村振兴期内着重发展什么形式的教育和研究项目具有重要意义。

发展职业教育是解决当前农村人力资本不足的重要路径，也是世界经验证明减少贫困的有效路径。职业教育与基础教育、高等教育是实现教育现代化的三大有机组成。职业教育是门槛相对较低的技能教育和就业教育。我国的职业教育呈现二元割裂的结构特征，城市职业教育聚集了相对高质量的教育师资和硬件投入，农村职业教育经费匮乏、师资薄弱、实训基地少等，并且和乡村产业发展未形成有效对接和合力，同时职业院校普遍存在社会认可度低、生源不足不优、办学条件差等问题。需要强化县域职业教育基础能力建设，结合地方特色开展特色涉农专业升级优化，支撑农村产业新业态发展。提升县域职业教育培训服务能力，面向社会需求，推动校、企、村多方创新培训模式，带动职业教育质量提升，增强区域发展的人才支撑。建立城乡互动互补的师资流动机制，返聘退休高层次专业技术人才回流县域职业教育领域，打通校企人员双向流动渠道，建立"双师"师资人才队伍。加大对西部地区职业教育财政扶持力度，加强县、乡职业学校基础设施建设和实训基地建设。职业技术院校更名为"应用技术"院校，增强社会对职业教育的认可度。整合区域科教资源，深化高等教育、职业教育和农业企业合作，以专业综合实训、校企联合开发课程等为抓手，推动教学实习、横向科研项目和创新创业竞赛等平台建设。

三　互补性投资的制度条件

通过有形资本和无形资本的互补性实现经济增长的最大化，必须有适宜的制度设计。速水佑次郎认为，以教育和科学研究为代表的无形资本投资是马克思增长类型向库兹涅茨增长类型转换的必要条件，而"创新"是其转换的充分条件。他引用熊彼特在《经济发展理论》做出的定义：创新不是科学发现和发明，而是企业家利用新思想创造出来的新的生产资源组合来增加利润的过程。创新的形式包括新产品、新品质产品、新的生产方法、新市场、原材料供给新渠道、新的产业组织等。熊彼特认为，只有创新才能创造超额利润，否则经济在市场竞争下将陷入长期均衡的停滞状态。他强调企业家不等于资本家，企业家具有洞察有利可图创新机会的能力和承担风险的勇气，无须自己是资本家。苏联模式的失败就在于中央计划经济缺乏调动企业家为高社会需求创新而努力的市场机制。竞争性的市场机制需要法律、治安、司法制度等支持，还需要在基础科学研究公共投资基础上，建立知识产权有效市场交易体制，形成以国家产权交易平台为主体、社会交易平台为补充的知识产权交易市场运营体系。我国需要在交易、规制、风险控制等方面探索创新，强化企业主体地位，重视农业技术专利市场发展计划，提高农业技术专利家族规模，在有形资本和无形资本的有效补充下，实现创新驱动发展。

第五节　本章研究结论与展望

农村地区交通基础设施建设水平与经济社会发展的协调程度是促进区域经济增长的重要前提。进入乡村振兴新阶段后，已脱贫地区和纳入重点帮扶县的县区在交通基础设施方面，需集中力量补齐短板弱项，在"产业兴旺、生态宜居、乡风文明、治理有效、生活富裕"的总要求下，谋划战略远景，在扩大高等级交通基础设施规模效应、调整适配经济发展的结构效应、集约绿色发展的示范效应等三方面着力推进，扩大路衍经济等新经济业态布局，创新更开放、更广阔的交通产业发展新模式，打通城乡经济良性循环，为农业提质增效、乡村宜居宜业和共同富裕提供更加强有力的保障和支撑。本章将交通基础设施发展的政策建议和乡村振兴战略相结合，特别强调非物质资本互补性投资的重要性，尽可能地在促进欠发达地区可持续发展方面提供有效建议。

中国的脱贫攻坚战全面胜利后，区域性整体贫困得到解决，消除绝对贫困的艰巨任务已经完成。在乡村振兴新发展阶段下，中国仍然面临发展不平衡不充分和城乡区域发展差距大的难题，交通基础设施作为经济稳增长和高质量发展的重要工具，对于如何实现共同富裕、促进物质资本和非物质资本积累融合意义重大，是乡村振兴道路上要研究的重要课题，包括以下几个具有重要理论与实践意义的亟待继续深入研究的问题。

一是交通基础设施发展定位的问题。随着城镇化推进，农村人口空心化问题及移民搬迁、撤乡并镇等行政区划调整等变化，交通基础设施建设需要更加精准和因地制宜，不能盲目扩张，防范资源错配。交通基础设施在促进城乡资源双向流动方面起到了更加关键的作用，在都市圈区域、中心城镇如何探索推进交通基础设施城乡一体化，形成产业联动生态圈，促进资源流动，对于推动城乡融合发展至关重要。

二是交通基础设施投融资体制机制改革的问题。当前我国经济增速放缓，经济潜在增长率下降，政府财政收入总额呈低水平运行态势，支出压力较大。融资环境方面，针对地方债务高企的突出问题，国家融资监管政策持续收紧，先后出台多项规范地方政府举债融资、加强债务风险管理的政策措施，使地方融资平台融资能力减弱。在财政金融支持交通基础设施投融资力度减弱的情况下，建设成本攀升、投资收益下降导致交通建设项目投融资形势较为严峻，特别是农村地区财政薄弱、社会资本不足，成为影响交通基础设施发展的重要制约因素。因此，研究如何在市场环境、金融工具、产业开发等方面深化改革，创新机制，打破体制桎梏，对于农村地区交通基础设施可持续发展具有现实意义。

三是交通基础设施"双碳"目标实现的问题。交通运输业是全球碳排放量排在第二的产业，我国道路交通在交通全行业碳排放量中占比约80%。"双碳"战略背景下，交通运输产业减碳脱碳将成为整个行业发展的重要引擎，推动交通基础设施实现绿色低碳转型和高质量发展。部分农村地区生态环境脆弱，面临经济发展和环境保护的双重压力，研究这些地区交通基础设施碳交易规则、碳汇能力、财税金融支持等政策法规迫在眉睫。如何推动建设基于人工智能、区块链、大数据和绿色技术的低碳技术平台在交通运输业中的应用，是实现欠发达地区后发赶超的重要契机。在"双碳"目标政策引导下，交通运输行业在体制机制、能力建设等方面的改革，是推动中国生态文明建设制度创新的重要领域。

"四好农村路" 高质量发展典型案例*

<hr/>

一 陕西省汉中市：凝聚合力融资金铺就乡村振兴道

汉中市位于陕西省西南部，地处秦巴山区西段，毗邻甘川，素有"汉家发祥地、中华聚宝盆"之美誉。辖 9 县 2 区和 1 个国家级经济技术开发区，常住人口 319 万人，总面积 2.72 万平方公里。汉中交通优势明显，是关天、江汉、川渝三大经济圈节点城市、国家 179 个交通枢纽城市和陕西三个区域中心城市之一。

近年来，汉中市深入贯彻落实习近平总书记关于"四好农村路"的重要指示批示，坚持"政府主导、示范引领、建养并重、路运并举、融合发展"的思路，着力补资金短板、强管护弱项、优运输服务、促高质量提升，全市农村公路由"线"成"网"、由"窄"变"宽"、由"通"向"好"。截至目前，全市公路总里程达到 24068 公里，其中农村公路 22475 公里，实现 100% 县区通高速公路、通二级及以上公路，100% 镇通等级公路，100% 行政村通水泥路、通客车、通邮目标。探索实践出"争跑上级补助、政企合作发展、交旅融合反哺"的汉中"四好农村路"高质量发展资金保障长效机制。先后荣获交通运输部"全国交通运输脱贫攻坚成绩突出集体"、陕

<hr/>

* 本部分资料来源于交通运输部 2023 年全国典型案例。

西省交通运输厅"全省普通公路建设积极扩大有效投资表现突出地市"。

（一）突出"三个坚持"，着力推进"四好农村路"高标准落实

1. 坚持聚力共建

成立以市政府主要领导为组长的"四好农村路"领导小组，建立领导小组联席会议制度和市、县、镇街三级联动机制，定期协调解决问题。出台《汉中市推进"四好农村路"高质量发展深化示范创建工作的通知》等文件，将"四好农村路"工作写入政府年度工作报告、纳入对县区和市级部门年度综合目标责任考核，市政府督查室每月对工作进度和效能进行督导考核。每年召开现场会、培训会、推进会，分解目标任务、落实共建责任，在全市有效形成了"政府主导、部门协同、行业主抓、社会参与"的强大工作合力。

2. 坚持规划先行

汉中市将高质量建设"四好农村路"作为促进区域经济发展、推进乡村振兴的重要举措，与现代化区域中心城市、乡村振兴、产业发展等规划相结合，先后编制《"十四五"综合交通运输规划》《"四好农村路"建设计划》《区域中心城市"东西南北中"五大交通枢纽规划方案》，大力推进农村公路联网、补网、强链，着力构建以县城为中心、乡镇为节点、通乡畅村达组的农村公路网络。

3. 坚持示范引领

以创建"四好农村路"示范市、示范县、示范路为抓手，以点带面、示范引领。累计投入"四好农村路"创建市级配套奖补资金2550万元，先后创建1个国家级、6个省级"四好农村路"示范县，52条市级示范路，获评"全国最美乡村路"1条，全省"十大最美农村路"2条、"以路美村、以路兴业、以路富民"的示范带动成效显著。

（二）狠抓"四个重点"，着力推进"四好农村路"高品质建设

1. "四个模式"促建设，铺就乡村振兴"快车道"

近年来，汉中市通过加强政银企对接、成立汉中市交投集团等方式，积极探索创新融资模式，为项目建设提供充足资金支持。一是争跑上级资金模

式。对标各级各类规划、部省投资重点，锁定项目库、强力推前期，两年累计争跑谋划农村公路项目 141 个，总投资 73.2 亿元，年度投资 46.3 亿元，同比增长超过 60%。二是政企合作发展模式。茶碾路等项目积极吸引社会资本参与投资建设，开创性地引入建养一体化 PPP 社会资本建设模式，县政府授权交通局与社会资本方共同组建了项目公司实施建设、养护道路，成功解决 5 亿多元的建设资金缺口。三是"交通+"联合开发模式。汉台区、留坝县采取综合开发公路两侧土地、将旅游景区收益策划包装成旅游基础设施项目等方式争取国家专项债资金 3.21 亿元。西乡县采取"交通+水资源"联合开发的投融资模式将公路纳入西乡县抽水蓄能开发基础设施配套项目，落实企业自建，解决项目资金缺口。四是"边干边筹、逐年消化"模式。采取中省补助一些、县财政配套一些、专项债券争取一些、贷款落实一些的方法，实施了 S318 镇巴星子山隧道及引线工程等一批项目，满足群众安全快捷出行需求。

"十三五"以来，累计完成投资 105 亿元，改造提升农村公路 12000 余公里，三类桥梁总数比例达到 95.64%，10355 个 30 户以上自然村（小组）通硬化路，通硬化路比例达到 86.4%，总结提炼了洋县品质工程创建、西乡县融资模式、镇巴县筑路精神、佛坪县破解前期手续等项目建设经验。

2. "三项机制"强管理，织牢常态长效"保障网"

一是健全责任落实机制。按照"县为主体、分级监管、权责一致"原则，建立市、县、镇、村四级管理队伍，落实"两个纳入"及月检查、季考核制度，将考核结果与养护资金兑现挂钩，确保"有路必管、管必到位"。二是健全长效管理机制。全面推行"路长制"，健全"总路长+三级路长"责任体系，构建"巡查—反馈—整改"的工作流程，留坝县、宁强县试点探索智慧路长牌，全市 2755 名"路长"让农村公路实现"长治"。整合建立了以道路管护队为主的"三队一屋"公益性服务队 643 个，实现农村公路的"共建、共治、共享"新格局，入选第三批全国乡村治理典型案例。三是健全联动执法机制。积极推进综合执法改革，常态开展道路执法监督检查，强化路产路权管理保护，农村公路超限率稳定控制在 2%以内。

3. "三个创新"优养护，绘就一路一景"新画卷"

一是创新养护模式。对标"有路必养、养必优良"要求，结合汉中地形地貌，探索出佛坪县手机 App 系统智能化养护，汉台区、宁强县市场化养护、西乡县建养一体化养护、留坝"道班·宿"合作社收益反哺等养护新模式，全市农村公路列养率达到 100%，优良中等路率达 85% 以上。特别是利用废旧道班改造成为秦岭网红民宿"道班·宿"，通过村合作社入股分红、分红资金反哺村道养护的创新运营方式，走出了一条"交通先行、促旅发展、融合反哺"的特色养护模式，被中国公路学会评为"2022 年度全国交旅融合创新项目"。二是创新养护投入。建立财政预算、资金整合、奖补结合的多元化资金保障体系，严格按照"1063"标准（每年每公里县道 1 万元、乡道 6000 元、村道 3000 元），足额落实农村公路日常养护经费，并建立与里程、养护成本变化等因素相关联的动态调整和逐年增长机制。针对陕南地区道路易水毁特点，采取整合涉农资金、购买农村公路灾毁保险等方式筹措资金，近三年农村公路水毁修复完成投资超过 18 亿元。三是创新养护机制。实行"养护+扶贫""专群结合"的养护机制，提供"四好农村路"公益岗位 4000 余个，吸纳 5000 余名群众在家门口就业，获得稳定收入近 1.6 亿元。

4. "三篇文章"促运营，打造经济发展"新引擎"

一是做好"城乡客运一体化"文章。建成客运枢纽站 1 个、一级客运站 3 个、二级客运站 14 个、五级客运站 111 个，所有县区城乡交通运输一体化发展水平全部达到 5A。二是做好"农村客运公交化"文章。推进农村客运班线公交化运营，全面落实"两元一票制"，完善服务质量和地方财政补贴挂钩制度，市县财政累计补贴近 5000 万元。三是做好"农村物流便捷化"文章。建成多式联运智慧物流园 3 个、县级交通物流综合服务中心 11 个、镇级寄递物流服务站 152 个、村级寄递物流服务站 1208 个，全市实现邮政快递服务 100% 覆盖。

（三）聚焦"五个融合"，着力推进"四好农村路"高质量发展

1. 聚焦资金融合，强化要素保障

精准把握国家政策导向、资金投向、支持方向，全力争取财政、专项债

等资金，通过资金补助、先养后补、以奖代补等多种方式支持农村公路建设和养护。同时积极探索 PPP 模式运作、交旅融合反哺、交通旅游打捆招商、路衍经济开发等市场化手段，推动项目与资金有效对接，解决农村公路项目自筹资金难题。"十三五"以来，全市整合和自筹资金近 60 亿元，全省农村公路单体投资最大、隧道里程最长的项目——镇巴县星子山隧道，全省首个农村公路建养一体化 PPP 项目——西乡县茶碾路建成通车，在破解资金难题上探索出"汉中经验"。

2. 聚焦信息融合，提升智慧能级

持续加强农村公路管理数字化信息化建设，建立了交通智能数字产业园，建成留坝县农村公路智慧管理平台，实现旅游产业、应急管理、公路养护、路况监测等信息共享。汉中行 App、天汉出行 App、"游汉中"小程序、出租汽车"95128"老年人约车电话、公交站牌数字化改造，运用成果在第五届数字中国建设成果展览会上展出。

3. 聚焦交邮融合，服务货畅其流

创新发展城乡货运公交、农村物流班车、小件极速快运等农村物流模式，快递物流进驻企业、园区，多渠道解决农产品销售难、出村难问题。全市发展农村电商 1.1 万家，开发"城货下乡、山货进城"双向流通线路 142条，通过电商出口产品年均 200 余万件，"藤编小镇""银杏小镇""天麻小镇"等特色集镇拉动农产品销售量年均增长 30% 以上。城固县、佛坪县成功创建陕西省客货邮融合发展样板县，实现了"城货下乡、山货进城、电商进村、快递入户"。

4. 聚焦交旅融合，繁荣旅游三产

结合交通强国陕南交通旅游山水画卷试点工作，因地制宜建设集旅游景点、自然景观、风土人情于一体的农村公路风情走廊，形成独具特色的"交通支撑旅游、旅游反哺交通、群众致富增收"新路径。两年来，新创建A 级景区 6 个、省级旅游度假区 1 家、省级全域旅游示范区 4 个，全国乡村旅游重点镇 1 个、重点村 2 个，带动旅游收入上百亿元。提升了"颜值"的全国最美农村公路留坝县高江路、最美茶园西乡县康宁村道变"废"为宝的秦岭民宿——道班宿,成为汉中全域旅游的金字招牌。

5. 聚焦交农融合,助力农民增收

坚持"道路围绕产业布局、产业围绕道路发展"思路,将 325 条产业路、资源路铺到群众家门口、修到田间头,群众就地开设"农家乐"、建立"合作社",茶、菌、药、蔬菜等产业蓬勃发展,汉中大米、汉中仙毫等地理标志产品蜚声海内外,2022 年农村居民可支配收入达到 14224 元,增长 7.2%,"四好农村路"成为乡村振兴的"金钥匙"。

奋进新时代,汉中市将以"四好农村路"高质量发展为引领,在农村公路"建、管、护、运"上不断探索创新,强投入、精养护、塑品牌、建机制、固成效、抓融合、促振兴,更好发挥开路先锋作用,为全面推进乡村振兴、加快建设现代化区域中心城市、奋力谱写汉中高质量发展新篇章而不懈奋斗。

二 新疆维吾尔自治区阿勒泰地区:创新思路 加快推动发展"交通+旅游"新业态

近年来,阿勒泰地区深入贯彻落实自治区"旅游兴"战略,大力发展大旅游、大农业、大健康、绿色矿业、清洁能源等"五大产业"和口岸经济,着力推动经济社会高质量发展。围绕建设"中国最佳旅游目的地"的战略定位,按照"提质、扩容、增效"的总体发展思路,坚持交通先行。从交通基础设施看,初步形成以公路、铁路、民航为基础的环形交通网,G216 北屯至富蕴、S232 布尔津至喀纳斯机场、S21 阿勒泰至乌鲁木齐高等级公路建成通车,喀纳斯、富蕴、阿勒泰实现景区环飞,推动阿勒泰旅游业发展从"景点旅游"向"全域旅游"迈进,"交通+旅游"新业态助推地区经济社会发展作用明显。截至目前,全地区共有公路 1888 条,总里程 11085 公里。其中,国省干线公路 27 条 3267 公里,农村公路 1861 条 7818 公里。

(一)从"创新融资"发力,多措并举筹措建设资金

阿勒泰地区抢抓新疆交通强国建设试点契机,始终坚持规划先行,立足

长远谋划交通发展大局。围绕构建"布局完善、结构合理、服务优质、保障有力"公路交通网络的总体目标，加快构建地区"快进""慢游"路网。在完善路网布局的同时，促进农村公路成网成环，与高速网、骨干网科学合理有效衔接，加强与路域资源、沿线产业、景区景点等协同发展形成"组合拳"，形成需求牵引供给，营造"公路围绕产业建设、产业围绕公路发展"的良性发展局面。资金问题是制约交通发展的重要因素，阿勒泰地区创新思路，开拓前进，在旅游资源对价支持公路建设资金筹集方面取得突破性进展，以涉旅公路景区收费权和服务设施收益为还款来源和质押，向商业银行融资用于涉旅公路建设，创造了交通强国交旅融合发展试点建设的全新典型经验。

1. 利用公路沿线旅游资源，融资解决建设资金问题

"喀纳斯环线阿勒泰至禾木公路""喀纳斯环线铁热克提至贾登峪公路"是阿勒泰交旅融合发展具有代表性的农村公路项目。两个项目建设总里程260公里，总投资10.14亿元，车购税补助资金仅有1.56亿元，建设资金严重不足。为解决这一问题，阿勒泰地区敢于突破、大胆运筹、多方洽谈，使用公路沿线克兰大峡谷、野卡峡、乌希里克野雪公园等7个景区，招商融资8亿元用于项目建设，破解建设资金不足问题。通过努力，大喀纳斯环线公路项目得以顺利实施，助推了大小景区景点"串珠、成线、连片"，有效推动了全地区旅游发展，极大完善了全地区尤其是大喀纳斯景区旅游交通网络，同时带动了乡村特色旅游，助力农牧特色产业发展，提高了农牧民收入水平。

2. 利用公路沿线服务设施，融资解决配套资金问题

G331线乌拉斯台至塔克什肯口岸、G331线青河至富蕴至阿勒泰、G216线红山嘴口岸至阿勒泰、G217线阿勒泰至布尔津、G331线布尔津至哈巴河五个公路项目，不但是国家重要沿边战略通道，也是阿尔泰山"千里旅游画廊"生态旅游线，建设意义十分重大。五个项目国家全额补助建安费98亿元，但是因地方财力有限，配套资金无法及时到位。阿勒泰地区创新思维，使用公路沿线狼园服务区、拉斯特小镇服务区等5个服务设施和沿线资源，金融融资 15 亿元，用于征地拆迁等其他费用。目前，以上五个项目正在加快建设中，"十四五"时期全部完工投入使用。

3. 强化地方融资能力，积极利用农村公路"以奖代补"政策

各县（市）将农村公路建设纳入地方财政一般支出范围，保证配套资金，充分发挥车购税资金撬动作用，提高资金使用效益，强化资金绩效管理，"十四五"以来，通过积极争取一般债、信贷融资、涉农整合资金、援疆资金、社会资金、乡村振兴资金、占补平衡资金等专项资金优先支持农村公路项目建设，累计争取到位 6.44 亿元。同时，各县（市）积极推动"交通+旅游"产业发展新业态，大力发展"路衍经济"，围绕"修一条路、造一片景、富一方民"理念，达到"路通景开，景开民富"效果，狗鱼、沙棘、驼奶、牛肉干等当地农牧产品，销往全国各地，带动农牧民稳定增收。

（二）以"潜力优势"为点，量身定做路衍经济方案

坚持融合发展理念，立足自身资源禀赋，紧紧以"路衍经济"开发为抓手，围绕现有的公路建设、服务区、土地、现代物流、文化旅游等核心资源衍生"交通+"新时代交通发展格局，制订合理、科学、成熟的路衍经济和业务集群开发计划，进而实现"公路撬资源、资源变资产、资产变资本"的有序发展。一是完善国省干线沿线附属设施建设。在 G331 线青河至富蕴至阿勒泰项目选定 5 个服务区，规划建设加油（气）站与充电桩、自驾营地、民宿、餐饮、观景平台等服务设施，估算投资 3.3 亿元。二是依托公路沿线点位，补充公路沿线服务区原有业态建设。结合在建公路沿线的临建设施实际从 7 个重点项目、14 个标段梳理的 32 个站场（拌合站、预制场、生活区等）中选取具有丰富开发优势的点位补充沿线附属设施，提高公路服务品质，确保阿尔泰山"千里旅游画廊"生态旅游线重点公路项目具有更加舒适的驾乘、通行体验感。三是在公路项目建设中融入旅游元素，如增加观景平台、停车带、垃圾箱、厕所、踏步、旅游标志标牌等设施。同时，在服务区、停车区增设土特产品销售驿站，以拉动旅游业发展，为今后农牧民销售土特产提供便利。

（三）主要做法及经验

1. 流程

阿勒泰地区摸索出的两种做法，其基本流程如下。

通过授权经营或其他方式，确定公路建设项目实施主体或权益主体，明确由项目实施主体负责项目投融资、建设、运营。实践中，还可以采取其他合法合规形式，确定其他类型或身份的法人单位为项目实施主体或权益主体；项目实施主体与相关方面沟通，明确以旅游景区收入或服务设施收益作为还款来源、贷款筹集资金弥补资金缺口、建设公路项目的总体思路；项目实施主体向发改部门申请批复或核准项目工可；项目实施主体向文旅主管部门申请，文旅主管部门批准设立项目所涉及的景区并批复门票价格，或者由有关部门同意项目沿线旅游服务设施设置方案（有时包含于工可中）；项目实施主体与文旅主管部门签订景区特许经营协议，取得项目沿线相关景区特许经营权，或取得项目沿线服务设施经营权；项目实施主体向商业银行提出贷款申请，商业银行出具贷款评估报告，同意贷款，并明确以项目法人取得的景区收费收入或服务设施收入为还款来源；项目实施主体向另一商业银行提出贷款担保申请，另一商业银行同意以项目实施主体已取得的项目沿线景区收费权为质押担保物，向项目贷款提供质押担保或进行信用担保；项目实施主体实际取得银行贷款，用于涉旅公路项目建设。

2. 成效

阿勒泰地区摸索出的两种具体做法，成功解决了全区涉旅公路（包括国省道和农村公路）建设中普遍存在的项目资本金不足、无法取得银行贷款资金、缺乏贷款资金还款来源等制约涉旅公路建设的具体问题，以旅游景区或服务设施预期收入为对价支持，实际取得银行贷款，用于涉旅公路建设，为全区涉旅公路建设摸索出了一条成功的路径，为全区其他地州市解决类似问题提供了一种可复制的模板，具有极为重要的示范效应和重大的示范意义。

同时，阿勒泰地区摸索出的两种具体做法，用行动实践了自治区人民政府《新疆公路运输与旅游融合发展三年行动计划（2018~2020）》提出的

"建立旅游资源与交通资源相互'对价'机制,形成两种资源在开发投资、运营阶段相互提供收益预期、相互'对价'、相互流通、相互提供收益补偿的良性循环机制"要求,第一次把行动计划提出的"交通支撑旅游发展、旅游反哺交通发展"模式落实在了阿勒泰地区大地上,以事实证明旅游资源收入对价支持公路建设项目实施是可行的,证明自治区人民政府在《新疆公路运输与旅游融合发展三年行动计划(2018~2020)》中指出的"建立旅游资源与交通资源相互对价机制""交通支撑旅游发展、旅游反哺交通发展"的方向和模式是正确的、科学的、富有前瞻性的。

3. 原理

阿勒泰地区摸索出的两种做法,彻底改变了以往被无数实践所证明不可持续的"交通项目单位负责修路、旅游项目单位负责发展旅游"模式,用行动蹚出了一条交通与旅游融合发展的可持续发展道路。在原有模式下,由于交通项目单位只建路不搞旅游,结果导致交通项目单位的建设投入无法得到旅游收益补偿,交通项目单位无法取得新的收入投入到新的涉旅公路建设中去;或者导致部分项目因无法筹集足够资金而不能开工兴建;部分旅游项目因无法通路,导致高品质的旅游资源在大山深处沉睡,迟迟得不到开发,不能造福于社会。由此使交通、旅游两个项目、两个行业都形成了利益受损局面,都产生了制度经济学所说的"外部性"。

事实上是将交通与旅游开发两个项目捆绑在了一起,并用修路为旅游资源开发提供了未来收益预期,同时又以旅游景区或服务设施(服务区)收入为公路建设资金偿还提供了补偿预期,彻底改变了沿线交通与旅游两个项目分开经营、交通与旅游两个行业分离孤立发展的局面,用行动践行了自治区人民政府《新疆公路运输与旅游融合发展三年行动计划(2018~2020)》指出的"实现两种资源的捆绑式一体化开发、两种项目的捆绑式一体化运营"模式,使交通与旅游项目、行业由双输隔离局面变为双赢互利局面,用捆在一起的"一体化"手段,用管理学上所说的"内部化"手段,解决了制度经济学所说的"外部性"问题,取得了良好的项目实施效益,并形成了重大的示范效应。

三 福建省惠安县：探索惠安"5432"模式 推动"四好农村路"高质量发展

惠安，位于福建省东南沿海，坐拥 192 公里黄金海岸，是我国经济百强县之一，也是享誉国内的"世界石雕之都""中国建筑之乡""国家园林县城"。近年来，惠安县深入贯彻落实习近平总书记关于"四好农村路"建设重要指示精神，紧扣区位交通优势探索"5432"模式，优化建、管、护、运模式，实现境内所有乡镇 15 分钟内上高速达到乡镇通二级及以上公路率、建制村通硬化公路率、农村公路列养率、交通安全设施设置率、农村公路路面自动化检测率、具备条件的建制村通客车率、县域客运公交化率"7 个 100%"，助力脱贫攻坚和乡村振兴，做好共同富裕的"开路先锋"。

（一）聚力"5建"，贯通农路功能业态

1. 建产业集群，借势打造工业走廊

以"联网、补网、强链"为重点，围绕"1543"现代产业体系，紧密衔接以中化泉州为龙头的石化产业链、达利及回头客为龙头的食品产业链等当地优势产业，实施林口至聚龙道路景观环境综合提升项目、惠城大道项目、松村至港丰物流拓宽改造，加快推动青兰山油库至县道 309 线道路、县道 310 线拓宽改造、惠紫公路拓宽改造等路网建设，强化运输通道建设，提升对外输送能力，吸引上下游企业沿线集聚，辐射带动周边地区发展。

2. 建片区骨架，助推提升城市品质

牢固树立"建交通就是建片区"理念，密切联动交通设施和城市功能，统筹城西片区、惠泉片区、西苑片区等五大片区更新改造，进一步缓解城区交通拥堵，降低城市环境负荷，推动城市魅力整体跃升。比如，结合聚龙小镇和黄塘溪两侧旅游开发，加快联三线黄塘至虎窟段、惠兴街西拓等路网项目，打通城西片区东西向交通，引入周边人员流量，培植宜居宜游城乡环境。

3. 建村居环境，构筑畅安舒美路网

强化"山线""海线"牵引，深入开展农村人居环境整治提升五年行动，完善基础设施和服务配套，着力挖掘培育特色资源优势，打造松溪村、官溪村乡村振兴示范点以及山霞山青大道、霞美路等乡村示范道路，构建惠西北山地绿色生态长廊，发展特色生态农业、休闲农业与旅游服务。"十三五"以来，全县累计建成 108 公里农村公路，持续织密农村路网，擘画美丽乡村图景。

4. 建运输体系，畅行城乡客货通道

积极融入国家综合货运补链强链发展战略，构建"公铁水"多式联运，完善货运物流服务，借道兴泉铁路、福厦客专，实施黄塘货运站、中国物流综合物流园等 9 个现代物流项目，同步加快产业路一期等各工业园区联通路网建设，建成城南东环路，联通惠东工业区及城南工业区，有效降低物流成本、提高物流效率，不断提升物流服务能力水平，为推进共同富裕提供有力物流支撑。

5. 建文旅精品，赋能全域旅游示范

以创建国家级全域旅游示范区为契机，对接崇武古城、惠女民俗等特色资源，打造笔架山到洛阳桥沿线"山线"田园风光和大岞风情园到青山湾沿线"海线"滨海风情，挖掘展现惠安特色文化景观，构建惠安半城山色半城海的旅游精品线路。又如，引导石雕企业沿县域干线布设工艺品，装扮惠黄公路、惠东快速通道等通景区公路，开通崇武古城、小岞生活艺术岛等旅游专线及崇武滨海度假观光小巴士，打通旅游"最后一公里"。

（二）突出"4管"，提升农路治理水平

1. 强化常态管理

深入开展源头监管，主动向社会公布重点货运装载源头单位名单；积极推动流动治超、一超四罚，每月联合交管部门开展农村公路货运车辆超限及"滴洒漏"整治行动；每月开展联合整治行动 7 次，年平均查处超限案件及"滴洒漏"污染公路案件 116 起；强化县镇村联动，集中力量整治农村公路非标广告牌、占道经营、污染公路等各类违法行为，基本实现路域环境"八个无"目标。

2. 强化科技管理

聚焦路政执法水平提升，突出科技赋能，建设监测和指挥中心，启用PDA执法，配备车载智能设备，积极推进公路科技治超规划建设进度，布局县道 309 线和弄村路口等三个技术监控点，进一步构建智能组网。

3. 强化温情管理

坚持刚性执法与柔性服务并重，实施包容审慎执法，推行不予行政处罚、从轻和减轻行政处罚事项"三项清单"，营造良好的交通运输法治化营商环境；大力推行线上自助缴款服务，同步简化办事流程，进一步提高办事效率、服务质量。

4. 强化规范管理

紧扣厘清权责界限，全面梳理县镇权责体系清单，做好镇综合执法赋权，将涉农村公路管理的部分行政执法权限下放至镇级人民政府，共同构建权责统一、运作协调、规范有序的农路执法体系。比如，镇综合执法协调中心可第一时间统筹调度县直派驻机构开展渣土车"滴洒漏"联合执法，及时制止违法行为并形成震慑。

（三）落实"3化"，保障农路通行安全

1. 养护专业化

成立县镇两级路长办公室，由县镇两级主要领导担任路长，定期召开联席会议；建立县镇村三级农村养护管理体系，县级由交通、公安、住建、资源、生态环境、市场监督等职能部门组建执法队伍，镇级专人专管，村级以购买服务形式聘用公路专管员，打造"县有路政员、乡有专管员、村有村路长"的路产路权保护队伍，并推行农村公路养护"七公开"、农村公路专管员绩效考核月评估和养护"红黑榜"制度，构建"责权明确、分工明确、奖惩明确"的分级养护管理体系。

2. 养护精细化

2021 年，惠安县被确定为省级公路资产以及病害数据自动化采集试点，建立公路资产三维化地图里程 64.499 公里，路面自动化检测里程 724.111 公里，优良中路率达 96.06%，对破损路面按"轻重缓急"实施养护工程。

2022 年，投入 120 万元对全县农村公路 174 座桥梁进行定期检测及技术状况评定，其中二类及以上正常桥 165 座、三类病桥 7 座、四五类危桥 2 座，同时详细记录桥梁病害部位，根据检测结果分期组织维修、加固和改造工作，计划实施 3 座危（病）桥加固改造。保障稳定的建养财政资金，每年财政配套资金 800 万元用于农村公路提级改造、危病桥改造、生命安全防护工程等县委县政府为民办实事项目，配套 500 万元用于补助各行政村农村公路建设、养护，配套 270 万元用于农村公路日常养护，配套不少于 3000 万元乡村振兴建设专项资金，并鼓励镇、村积极向上级交通主管部门争取专项补助资金。

3. 养护市场化

全面推广农村公路灾毁保险，每年投入约 88 万元，农村公路 100% 列入灾毁保险范畴，有效保障农村公路应急抢险资金。引入专业农路养护企业，承接县域 18 条主干道约 95 公里农村公路日常养护管理工作，以科技化、专业化的长效管护，实现全县县道技术状况指数（POI）保持平稳且三年平均90 分以上，提高农村公路养护效率和质量。

（四）构建"2体系"，确保农路服务畅通

1. 构建城乡公交一体化体系

累计投入资金 2 亿多元，每年设立 4000 万元公交发展专项资金，开通公交线路 47 条、投入绿色环保公交车 330 辆，建设公交首末站 14 个、充电桩 67 桩 178 枪、公交停靠站 298 个，在全省率先实现 60 周岁以上老年人免费乘坐公交，累计办理"爱心卡""敬老卡"101690 张，在全市率先实现公交线路覆盖所有行政村，建成"县枢纽、镇中转、村村通"区域公交运行网络，为群众提供环保优质畅通的出行服务。

2. 构建现代物流网络体系

一是打通"大动脉"，依托兴泉铁路开通、中欧班列运营，逐步做大黄塘片区物流枢纽，连同外走马埭石化港口共筑"大进大出"物流格局。二是畅通"微循环"，建立服务覆盖广、上下行通畅的"县、镇、村"三级物流体系，全县共有 17 家快递物流服务公司、5 个县级物流中心、104 个镇级

农村物流服务站、279 个村级农村物流服务点基本实现全覆盖。三是做强"产业链",出台水运行业发展扶持政策,引进航运企业 5 家,船舶 11 艘,增加载重量 134182 万吨,连续三年水运周转量增长率位居全市第一。突破网络货运新业态,扶持建立途啦网络货运平台,整合县域货运运力,降低企业成本,提高运输效率,推动产业布局调整、要素配置优化、发展模式创新。

四 山东省枣庄市台儿庄区:建设"四好农村路"托起"共同富裕梦"

(一)基本情况

枣庄市台儿庄区位于山东省的最南部,地处鲁苏交界,素有"山东南大门、徐州北屏障"之称,1938 年的台儿庄大战让这座运河古城驰名中外。战争时期,境内"山套""河套"成为保护人民、阻击敌人的天然屏障,然而在和平年代,"山套""河套"却成为制约当地经济社会发展的瓶颈。为解开"套子"里的村子,让农民走上致富的道路,台儿庄区紧抓"四好农村公路"建设重要机遇,以解决"有钱修路、有效用路、有货上路、有人管路"四道难题为目标,不断加大资金投入力度,全面实施路网提档升级、道路通达、路面状况改善等工程,织牢"农村四好公路"建设管理、养护运营保障网,打通群众出行"最后一公里",为推动共同富裕注入交通动力。

(二)主要做法

1. 多元化筹措资金,解决"有钱修路"问题

针对农村公路建设成本高、资金来源少等难题,主动拓宽农村公路建设资金来源渠道,以"六个一点"模式为指导(即"上级补一点、区里奖一点、镇街挤一点、村里筹一点、国企融一点、项目拼一点"),按照"政府投、国企融、群众助"的思路破解资金瓶颈,先后投资 4.4 亿元,新改建农村公路 383.5 公里。创新"农村公路+群众"机制,鼓励个人、企业、社会组织通过捐资捐料、结对帮扶、投工投劳等方式支持农村公路建设与养

护，出资人按照相应标准享有部分道路基础设施"命名权"，近年来群众助建农村公路已达 90 公里。发挥国企在债券和融资方面的优势，推进通户道路、农村公路等与经营性项目综合开发、一体包装争取专项债、政策贷资金 1 亿元，大幅减轻地方政府融投资压力。依托小城镇整治、高标准农田及美丽乡村建设等重点工作寻求项目拼盘，优化整合资金约 3 亿元，实现了"1+1>2"的融合式聚变效应，为推进美丽乡村"四好农村路"探索出了新路子。

2. 创新农路融合模式，解决"有效用路"问题

紧扣"一体化"和"高质量"两个关键词，以农村公路+产业发展为重点全面推进"五个一体化"模式，即基础设施一体化发展、绿色生态一体化构建、交通服务一体化提供、文旅产业一体化打造、党建引领一体化带动，构建共建共治、共管共享的公路治理体系，形成了人文带、景观带产业带、农旅带等多种道路文化，基本建立起马兰屯镇、邳庄镇"农路+现代农业"环线、开发区"农路+先进制造"环线、泥沟镇"农路+现代养殖"环线、张山子镇"农路+文化旅游"环线、运河街道"农路+夜间经济"环线等一批特色环线，并已经形成一定实效。通过高质量产业农路建设，配合相关政策，吸附农村地区分散涉农产业点，努力形成规模集聚效应，打造农村产业集聚带。

3. 一体化城乡运营，解决"有货上路"问题

针对农村公路资源服务水平不高、效能并未完全发挥等难题，积极探索乡村 TOD 模式，按照城市型、近郊型、远郊型，以城市社区、建制镇、行政村为单位，区分快速交通、公共汽车等多种公共交通方式，结合建设用地整治、低效用地开发等工作，以填入式、新建式为分类，开展多层级、多类型的 TOD 模式实践，全区共建成 11 处镇域公共交通综合性集散区。在此基础上积极实施"互联网+农村物流"行动，延伸发展产品物流配送、公路旅行等业态，努力让乡村的货出去、让城里的人进来，实现城乡一体融合发展。目前已建成农村公路物流网点 196 个，带动发展电商孵化园、淘宝村 200 余个。

4. 严格落实主体责任，解决"有人管路"问题

将"四好农村路"主要指标纳入区政府绩效考核目标和对镇街政府的考核指标，以区政府文件印发"农村公路管理办法"，应用"市场改革+专业队伍+专群结合+企业自养"四种养护模式，全区共安排农村公路管养公益性岗位 171 个，建立"责任、管理、监督、资金、考核"五位一体管护机制，确保农村道路级级有人管、路路有人养。按照"一支养护队伍、一个办公场所、一笔管养经费、一个运行机制、一套内业台账"的"五个一"标准，着力加快农村公路管理体系规范化建设，将农村公路养护经费及管理机构人员经费、办公经费足额纳入财政预算，确保机构正常运转。持续强化党建引领，充分发挥党组织战斗堡垒和党员模范带头作用，推动形成党建与业务互融互促、一体发展的工作格局，打造党员示范线路（客货邮合作路线、路长制示范线路）。当前，全区农村公路管理机构设置率、农村公路列养率、农村公路爱路护路、村规民约制定率均已达到 100%。

参考文献

著作类

阿马蒂亚·森，2013，《以自由看待发展》，任赜、于真译，中国人民大学出版社。

白寿彝，2012，《中国交通史》，武汉大学出版社。

崔承章，2005，《中国交通史丛谈》，吉林人民出版社。

D. 盖尔·约翰逊，2004，《经济发展中的农业、农村、农民问题》，林毅夫、赵耀辉编译，商务印书馆。

樊胜根、张林秀、张晓波，2002，《经济增长、地区差距与贫困中国农村公共投资研究》，中国农业出版社。

冈纳·缪尔达尔（Gunnar Myrdal），1991，《世界贫困的挑战 世界反贫困大纲》，顾朝阳等译，北京经济学院出版社。

国务院扶贫开发领导小组办公室，2003，《中国农村扶贫开发概要》（中英文本），中国财政经济出版社。

赫希曼，1991，《经济发展战略》，曹征海、潘照东译，经济科学出版社。

黄承伟、刘欣、周晶，2017，《鉴往知来：十八世纪以来国际贫困与反贫困理论评述》，广西人民出版社。

蒋满元，2016，《交通基础设施建设对区域经济增长的影响与贡献研究》，中南大学出版社。

交通部中国公路交通史编审委员会，1999，《中国公路史》（第二册），人民交通出版社。

科迪等，1990，《发展中国家的工业发展政策》，张虹等译，经济科学出版社。

刘日新，2016，《新中国前三十年的经济：1950～1980年的国民经济计划》，中国经济出版社。

马克思，2014，《1844年经济学哲学手稿》，人民出版社。

毛泽东著作选读编辑委员会，1964，《毛泽东著作选读》（乙种本），中国青年出版社。

世界银行，1994，《1994年世界发展报告——为发展提供基础设施》，毛晓威等译，中国财政经济出版社。

速水佑次郎、神门善久，2009，《发展经济学：从贫困到富裕》（第3版），李周译，社会科学文献出版社。

孙中山，2006，《建国方略》，曹冈译，内蒙古人民出版社。

唐建新、杨军，2003，《基础设施与经济发展：理论与政策》，武汉大学出版社。

托达罗，1992，《经济发展与第三世界》，印金强等译，中国经济出版社。

W. W. 罗斯托（W. W. Rostow），2001，《经济增长的阶段：非共产党宣言》，郭熙保、王松茂译，中国社会科学出版社。

习近平，2017，《习近平谈治国理政》（第二卷），外文出版社。

鲜祖德，2004，《中国农村投资问题研究》，中国统计出版社。

盱眙县交通局编史办公室，1989，《盱眙县交通史》，南京大学出版社。

游俊、冷志明、丁建军，2017，《中国连片特困区研究（2013～2016）》，社会科学文献出版社。

张培刚，1992，《新发展经济学》，河南人民出版社。

张忠民，1999，《1912～1913 年孙中山的铁路思想与实践》，载丁日初主编《近代中国》（第九辑），上海社会科学院出版社。

中共中央文献研究室，2017，《习近平关于社会主义经济建设论述摘编》，中央文献出版社。

中国公路交通史编审委员会，1990，《中国公路史》（第一册），人民交通出版社。

中国公路学会，2017，《中国公路史》（第三册），人民交通出版社。

中华人民共和国国务院新闻办公室，2020，《中国交通的可持续发展》，人民出版社。

朱必祥，2005，《人力资本理论与方法》，中国经济出版社。

Alkire S. 2002. *Valuing Freedom's*：*Sen's Capability Approach and Poverty Reduction*. Oxford：Oxford University Press.

期刊类

安树伟，2018，《改革开放 40 年以来我国区域经济发展演变与格局重塑》，《人文杂志》第 6 期。

白永秀、何昊，2019，《西部大开发 20 年：历史回顾、实施成效与发展对策》，《人文杂志》第 11 期。

鲍洪杰、刘德光、陈岩，2012，《农业机械化与农业经济增长关系的实证检验》，《统计与决策》第 21 期。

边慧敏、张玮、徐雷，2019，《连片特困地区脱贫攻坚与乡村振兴协同发展研究》，《农村经济》第 4 期。

蔡银寅、杜凯，2009，《资本投入、劳动力转移和农业经济增长》，《产业经济研究》第 3 期。

蔡之兵、张可云，2019，《空间布局、地方竞争与区域协调——新中国 70 年空间战略转变历程对构建中国特色社会主义空间科学的启示》，《人文杂志》第 12 期。

曹文翰、张雪永，2021，《历史、理论与实践：解读交通强国战略的三重逻辑》，《社会科学研究》第 3 期。

曹小曙、薛德升、阎小培，2005，《中国干线公路网络联结的城市通达性》，《地理学报》第 6 期。

曹跃群、郭鹏飞、罗玥琦，2019，《基础设施投入对区域经济增长的多维影响——基于效率性、异质性和空间性的三维视角》，《数量经济技术经济研究》第 11 期。

陈宏胜、李志刚、王兴平，2016，《中央—地方视角下中国城乡二元结构的建构——"一五计划"到"十二五规划"中国城乡演变分析》，《国际城市规划》第 6 期。

陈乙酉、付园元，2014，《农民收入影响因素与对策：一个文献综述》，《改革》第 9 期。

陈勇棠、和震、雷世平，2022，《我国工业化进程中职业教育产教关系演化脉络、特征与启示》，《河北师范大学学报》（教育科学版）第 2 期。

陈志钢、毕洁颖、吴国宝、何晓军、王子妹一，2019，《中国扶贫现状与演进以及 2020 年后的扶贫愿景和战略重点》，《中国农村经济》第 1 期。

陈宗胜、朱琳，2021，《论完善传统基础设施与乡村振兴的关系》，《兰州大学学报》（社会科学版）第 5 期。

董千里，1998，《高速公路点—轴型区域经济发展理论研究》，《西安公路交通大学学报》第 1 期。

杜江、刘渝，2010，《农业经济增长因素分析：物质资本，人力资本，还是对外贸易?》，《南开经济研究》第 3 期。

樊胜根、张林秀、张晓波，2002，《中国农村公共投资在农村经济增长和反贫困中的作用》，《华南农业大学学报》（社会科学版）第 1 期。

樊卫国，2003，《民国经济二元结构与农村分配》，《上海经济研究》第 10 期。

范恒山，2020，《推进城乡协调发展的五大着力点》，《经济纵横》第 2 期。

范九利、白暴力、潘泉，2004，《我国基础设施资本对经济增长的影响——用生产函数法估计》，《人文杂志》第 4 期。

冯宗宪、陈金贤、万威武、张红十、康军，1994，《中国贫困地区交通和经济综合评价研究》，《西安交通大学学报》第 1 期。

付敏杰，2014，《市场化改革进程中的财政政策周期特征转变》，《财贸经济》第 10 期。

高翠、徐丽、葛灵志、鲁慧蓉，2016，《高速公路发展面临的困境与对策研究》，《公路》第 10 期。

高耿子，2020，《从二元分割到城乡融合发展新思路——中国农村经济高质量发展研究》，《现代经济探讨》第 1 期。

高颖、李善同，2006，《基于 CGE 模型对中国基础设施建设的减贫效应分析》，《数量经济技术经济研究》第 6 期。

龚斌磊，2018，《投入要素与生产率对中国农业增长的贡献研究》，《农业技术经济》第 6 期。

顾焕章、王培志，1994，《农业技术进步对农业经济增长贡献的定量研究》，《农业技术经济》第 5 期。

郭君平，2013，《交通基础设施建设的农村减贫效应》，《贵州农业科学》第 12 期。

郭熙保、崔文俊，2016，《我国城乡协调发展：历史、现状与对策思路》，《江西财经大学学报》第 3 期。

何军、王越，2016，《以基础设施建设为主要内容的农业供给侧结构改革》，《南京农业大学学报》（社会科学版）第 6 期。

何仁伟、李光勤、刘邵权、徐定德、李立娜，2017，《可持续生计视角下中国农村贫困治理研究综述》，《中国人口·资源与环境》第 11 期。

胡鞍钢、刘生龙，2009，《交通运输、经济增长及溢出效应——基于中国省际数据空间经济计量的结果》，《中国工业经济》第 5 期。

胡斌武、沈紫晴、吴杰，2022，《世界银行职业教育援助：历程、策略与经验》，《现代教育管理》第 3 期。

黄承伟、覃志敏，2013，《共同富裕视野下连片特困地区扶贫攻坚的路径思考》，《开发研究》第 4 期。

黄季焜，2018，《四十年中国农业发展改革和未来政策选择》，《农业技术经济》第 3 期。

黄茂兴、叶琪，2019，《新中国 70 年农村经济发展：历史演变、发展规律与经验启示》，《数量经济技术经济研究》第 11 期。

黄少安，2018，《改革开放 40 年中国农村发展战略的阶段性演变及其理论总结》，《经济研究》第 12 期。

黄少安、孙圣民、宫明波，2005，《中国土地产权制度对农业经济增长的影响——对 1949~1978 年中国大陆农业生产效率的实证分析》，《中国社会科学》第 3 期。

戢晓峰、李晓娟、陈方、张硕，2021，《精准扶贫以来中国交通扶贫的政策演进与实践经验》，《昆明理工大学学报》（社会科学版）第 6 期。

戢晓峰、普永明，2018，《连片特困地区公路运输空间运行特征》，《公路交通科技》第 7 期。

贾立，2015，《中国农民收入影响因素的实证分析》，《四川大学学报》（哲学社会科学版）第 6 期。

贾立、王红明，2010，《西部地区农村金融发展与农民收入增长关系的实证分析》，《农业技术经济》第 10 期。

江鑫、黄乾，2019，《城乡公路体系网络化与共同富裕：基于超边际分工理论分析》，《南开经济研究》第 6 期。

金凤君、陈卓，2019，《1978 年改革开放以来中国交通地理格局演变与规律》，《地理学报》第 10 期。

景宏福，2021，《路衍经济的发展机理与价值逻辑探析》，《山东社会科学》第 6 期。

景宏福、翁燕珍，2020，《甘肃省公路交通路衍经济发展的对策建议》，《综合运输》第 6 期。

鞠晴江、庞敏，2005，《基础设施对农村经济发展的作用机制分析》，

《经济体制改革》第 4 期。

康江江、宁越敏、魏也华、武荣伟，2017，《中国集中连片特困地区农民收入的时空演变及影响因素》，《中国人口·资源与环境》第 11 期。

孔祥智、张琛，2019，《新中国成立以来农业农村包容性发展：基于机会平等的视角》，《中国人民大学学报》第 5 期。

蓝勇，2019，《近 70 年来中国历史交通地理研究的回顾与思考》，《中国历史地理论丛》第 3 期。

李东坤、郑浩生、张晓玲，2021，《交通基础设施建设能减缓城镇贫困吗》，《河海大学学报》（哲学社会科学版）第 1 期。

李谷成，2015，《资本深化、人地比例与中国农业生产率增长——一个生产函数分析框架》，《中国农村经济》第 1 期。

李谷成、冯中朝、范丽霞，2006，《教育、健康与农民收入增长——来自转型期湖北省农村的证据》，《中国农村经济》第 1 期。

李慧玲、徐妍，2016，《交通基础设施、产业结构与减贫效应研究——基于面板 VAR 模型》，《技术经济与管理研究》第 8 期。

李丽、吴群琪、张跃智，2008，《农村道路对农业现代化发展的影响分析》，《长安大学学报》（社会科学版）第 3 期。

李强，2012，《基础设施投资、教育支出与经济增长基础设施投资"挤出效应"的实证分析》，《财经理论与实践》第 3 期。

李强、郑江淮，2012，《基础设施投资真的能促进经济增长吗？——基于基础设施投资"挤出效应"的实证分析》，《产业经济研究》第 3 期。

李书奎、任金政，2021，《战略衔接期内连片特困地区脱贫质量再认识》，《湖北民族大学学报》（哲学社会科学版）第 6 期。

李益华，2021，《广西交通投资集团高速公路项目融资模式的创新》，《财务与会计》第 10 期。

李勇，2017，《剩余劳动力、资本非农化倾向和城乡二元结构转化》，《中国经济问题》第 5 期。

李政通、顾海英，2021，《农业发展如何驱动经济结构转型：进展与展望》，《现代经济探讨》第 10 期。

廖茂林、许召元、胡翠、喻崇武，2018，《基础设施投资是否还能促进经济增长？——基于 1994~2016 年省际面板数据的实证检验》，《管理世界》第 5 期。

林毅夫，1994，《90 年代中国农村改革的主要问题与展望》，《管理世界》第 3 期。

林永然，2021，《交通基础设施对区域贫困的影响研究——基于省域面板数据的实证检验》，《学习论坛》第 1 期。

刘波，2021，《乡村振兴战略背景下农村公路评价指标体系探究》，《交通运输部管理干部学院学报》第 1 期。

刘长俭、奚宽武、黄力、靳廉洁，2020，《中国交通+产业扶贫模式溯源、演变及展望》，《科技导报》第 19 期。

刘传明、曾菊新，2011，《县域综合交通可达性测度及其与经济发展水平的关系——对湖北省 79 个县域的定量分析》，《地理研究》第 12 期。

刘慧敏、盛昭瀚、曹启龙，2014，《发达国家高速公路投融资体制改革分析与借鉴》，《现代经济探讨》第 12 期。

刘建勋，2021，《路衍经济：甘肃交通高质量发展的有力抓手》，《中国公路》第 23 期。

刘生龙、胡鞍钢，2010a，《基础设施的外部性在中国的检验：1988~2007》，《经济研究》第 3 期。

刘生龙、胡鞍钢，2010b，《交通基础设施与经济增长：中国区域差距的视角》，《中国工业经济》第 4 期。

刘生龙、周绍杰，2011，《基础设施的可获得性与中国农村居民收入增长——基于静态和动态非平衡面板的回归结果》，《中国农村经济》第 1 期。

刘晓光、张勋、方文全，2015，《基础设施的城乡收入分配效应：基于劳动力转移的视角》，《世界经济》第 3 期。

刘学华、张学良、彭明明，2009，《交通基础设施投资与区域经济增长的互动关系——基于西部大开发的实证分析》，《地域研究与开发》第 4 期。

刘宇荧、张社梅、傅新红，2019，《农民专业合作社能否提高成员的收入？——基于参与模式的考察》，《农村经济》第 4 期。

刘振华、范文涛、刘柳杨，2021，《乡村振兴战略背景下四川省农村公路中长期规划思路与实践》，《交通世界》第 24 期。

鲁渤、周祥军、宋东平、汪寿阳，2019，《公路交通通达性与经济增长空间效应研究》，《管理评论》第 9 期。

罗贵明，2017，《财政分权、地方政府竞争与公共教育投资——基于空间面板模型的分析》，《大连理工大学学报》（社会科学版）第 3 期。

罗能生、彭郁，2016，《交通基础设施建设有助于改善城乡收入公平吗？——基于省级空间面板数据的实证检验》，《产业经济研究》第 4 期。

罗斯炫、何可、张俊飚，2018，《修路能否促进农业增长？——基于农机跨区作业视角的分析》，《中国农村经济》第 6 期。

罗胤晨、谷人旭、王春萌、杨帆、许树辉，2015，《县域工业集聚的空间效应分析及其影响因素——基于长江三角洲地区的实证研究》，《经济地理》第 12 期。

骆永民、樊丽明，2012，《中国农村基础设施增收效应的空间特征——基于空间相关性和空间异质性的实证研究》，《管理世界》第 5 期。

骆永民、骆熙、汪卢俊，2020，《农村基础设施、工农业劳动生产率差距与非农就业》，《管理世界》第 12 期。

孟德友、陆玉麒，2011，《高速铁路对河南沿线城市可达性及经济联系的影响》，《地理科学》第 5 期。

彭继权、秦小迪，2022，《21 世纪以来农业基础设施减贫效应研究》，《中国农业资源与区划》第 1 期。

皮建才，2008，《中国新阶段转型动力探源——30 年改革的理论反思》，《山西财经大学学报》第 3 期。

钱宁，2022，《从摆脱贫困到乡村振兴——对当代中国农村变迁的历史考察和现实思考》，《西北师大学报》（社会科学版）第 1 期。

乔榛、焦方义、李楠，2006，《中国农村经济制度变迁与农业增长——

对 1978~2004 年中国农业增长的实证分析》，《经济研究》第 7 期。

乔榛、刘渝，2010，《农业经济增长因素分析：物质资本、人力资本、还是对外贸易?》，《南开经济研究》第 3 期。

卿定文、王玉婷，2021，《集中连片特困地区脱贫攻坚与乡村振兴的有效衔接》，《陕西理工大学学报》（社会科学版）第 5 期。

卿定文、王玉婷，2021，《我国集中连片特困地区扶贫模式案例比较及对乡村振兴的启示》，《贵州大学学报》（社会科学版）第 5 期。

任保平、甘海霞，2016，《中国经济增长质量提高的微观机制构建》，《贵州社会科学》第 5 期。

任瑞敏，2022，《试论公平——效率同一逻辑下我国共同富裕的实践探索》，《思想教育研究》第 2 期。

任淑荣，2007，《河南农民收入结构变动及影响因素分析》，《河南农业大学学报》第 2 期。

任晓红、但婷、侯新烁，2018，《农村交通基础设施建设的农民增收效应研究——来自中国西部地区乡镇数据的证据》，《西部论坛》第 5 期。

任晓红、张宗益，2013，《交通基础设施、要素流动与城乡收入差距》，《管理评论》第 2 期。

芮海田、吴群琪、赵跃峰、张圣忠，2012，《公路建设对区域经济发展的影响分析——以陕西省为例》，《长安大学学报》（自然科学版）第 6 期。

邵洁、刘丽梅、邓小兵，2020，《交通运输财政性资金差异化补助政策初探》，《公路》第 4 期。

沈达扬、陈楚宣、马绪健，2022，《道路交通运输行业的"双碳"行动策略与实施路径》，《中国公路》第 6 期。

石涛，2009，《积极财政政策视野的基础设施投资与经济增长关联度》，《改革》第 10 期。

宋春合、吴福象，2018，《城市基础设施对集聚经济的影响研究——基于总量和结构的双重视角》，《现代经济探讨》第 8 期。

宋淑丽、王新利，2017，《新常态下我国农业经济增长动力影响分析——基于 1990~2015 年黑龙江省统计数据》，《农业技术经济》第 7 期。

苏静，2017，《空间关联视角下连片特困地区农民收入增长的影响因素分析——基于武陵山区 66 个县域数据和空间杜宾模型的实证》，《财经理论与实践》第 6 期。

孙百亮、宋琳，2020，《交通强国建设的历史、理论和实践逻辑》，《人民论坛》第 36 期。

孙久文、张静、李承璋、卢怡贤，2019，《我国集中连片特困地区的战略判断与发展建议》，《管理世界》第 10 期。

孙晓飞、佘亚荣，2011，《建国初期中国公路运输政策的演变》，《求索》第 9 期。

唐丽霞、张一珂，2019，《从以工代赈到公益性岗位——中国工作福利实践的演进》，《贵州社会科学》第 12 期。

唐萍萍、胡仪元，2017，《陕南地区集中连片特困区绿色产业脱贫构想》，《改革与战略》第 6 期。

王成金、程佳佳，2016，《中国高速公路网的可达性格局及演化》，《地理科学》第 6 期。

王翠，2021，《卢作孚乡村建设实验的主要内容、总体评价与当代启示》，《重庆第二师范学院学报》第 1 期。

王帆宇，2020，《改革开放以来中国特色扶贫道路：脉络梳理与经验总结》，《西北民族大学学报》（哲学社会科学版）第 1 期。

王海江、苗长虹、乔旭宁，2018，《中国公路交通联系的空间结构解析——兼论与贫困地区空间关系》，《经济地理》第 5 期。

王浩，2014，《贵州民族地区交通基础设施农民增收效应》，《贵州民族研究》第 7 期。

王虎、范从来，2006，《金融发展与农民收入影响机制的研究——来自中国 1980~2004 年的经验证据》，《经济科学》第 6 期。

王建康、魏雯、马建飞、郭敏，2020，《农村公路规模与结构因素在贫困地区影响的经验证据》，《经济问题》第 1 期。

王琳、马艳，2019，《中国改革开放以来的经济关系演变：现实路径与理论逻辑》，《马克思主义研究》第 2 期。

王敏、田国双，2011，《我国农业基础设施建设对农业经济增长的影响分析》，《东北农业大学学报》（社会科学版）第 6 期。

王瑞波、宋建青、方家、张亚玲、刘洋、马建宇，2021，《"十四五"时期加快补齐农村道路建设短板》，《农业科研经济管理》第 2 期。

王胜利、白暴力，2018，《习近平新时代中国特色社会主义交通运输理论研究——马克思主义交通运输理论的丰富和发展》，《陕西师范大学学报》（哲学社会科学版）第 2 期。

王武林、黄晓燕、曹小曙，2016，《1980～2010 年中国集中连片特困地区公路可达性演化研究》，《地理科学》第 1 期。

王小鲁、樊纲，2005，《中国收入差距的走势和影响因素分析》，《经济研究》第 10 期。

王新利、赵琨，2014，《黑龙江省农业机械化水平对农业经济增长的影响研究》，《农业技术经济》第 6 期。

魏后凯，2016，《新常态下中国城乡一体化格局及推进战略》，《中国农村经济》第 1 期。

魏巍、李强、张士杰，2014，《交通基础设施、产业聚集与经济增长——基于省级面板数据的经验研究》，《地域研究与开发》第 2 期。

温雪、范雅静、李琪，2019，《农户参加农民专业合作社对其收入和金融资产的影响研究》，《财经理论与实践》第 3 期。

温忠麟、侯杰泰、张雷，2005，《调节效应与中介效应的比较和应用》，《心理学报》第 2 期。

吴丰华、韩文龙，2018，《改革开放四十年的城乡关系：历史脉络、阶段特征和未来展望》，《学术月刊》第 4 期。

吴国宝，2017，《东西部扶贫协作困境及其破解》，《改革》第 8 期。

吴清华、冯中朝、何红英，2015，《农村基础设施对农业生产率的影响：基于要素投入的视角》，《系统工程理论与实践》第 12 期。

吴清华、冯中朝、余凌，2014，《基础设施的农业生产效应：文献综述》，《农林经济管理学报》第 4 期。

吴威、曹有挥、曹卫东等，2007，《区域高速公路网络构建对可达性空间格局的影响——以安徽沿江地区为实证》，《长江流域资源与环境》第 6 期。

武力，2013，《新中国中央政府区域经济政策演变的历史分析》，《甘肃社会科学》第 2 期。

夏明学、李丽、李武选，2015，《中部地区农村公路对区域经济贡献度的实证分析——基于 S 省的面板数据》，《经济体制改革》第 3 期。

夏玉莲、张园，2018，《家庭禀赋对农民家庭收入的影响分析——基于 1188 户农户的实证分析》，《农林经济管理学报》第 4 期。

谢呈阳、王明辉，2020，《交通基础设施对工业活动空间分布的影响研究》，《管理世界》第 12 期。

徐瑾、潘俊宇，2019，《交通基础设施促进经济增长的时空差异与机制分析——基于双向固定效应模型的研究》，《经济问题探索》第 12 期。

许崇正、高希武，2005，《农村金融对增加农民收入支持状况的实证分析》，《金融研究》第 9 期。

薛秀娟、彭长江，2019，《知识产权交易市场的健全与完善》，《人民论坛》第 7 期。

杨建平、王卫娥，2022，《"十四五"公路投融资形势研判及对策》，《中国公路》第 8 期。

杨茜、石大千，2019，《交通基础设施、要素流动与城乡收入差距》，《南方经济》第 9 期。

袁森，2021，《战后北碚乡村建设与相辉学院》，《西南大学学报》（社会科学版）第 5 期。

曾福生、蔡保忠，2018，《农村基础设施是实现乡村振兴战略的基础》，《农业经济问题》第 7 期。

张光南、张海辉、杨全发，2011，《中国"交通扶贫"与地区经济差距——来自 1989~2008 年省级面板数据的研究》,《财经研究》第 8 期。

张红梅、李善同、许召元,2019,《改革开放以来我国区域差距的演变》,《改革》第 4 期。

张立军、湛泳,2006,《金融发展与降低贫困——基于中国 1994~2004 年小额信贷的分析》,《当代经济科学》第 6 期。

张梅、王晓、颜华,2019,《农民合作社扶贫的路径选择及对贫困户收入的影响研究》,《农林经济管理学报》第 4 期。

张莎莎、郑循刚、张必忠,2021,《交通基础设施、空间溢出与农村减贫——基于面板数据的实证研究》,《浙江农业学报》第 3 期。

张士云、姚升、蒋和平、栾敬东、江激宇,2010,《粮食主产区农村公共产品投入对农业增长的影响分析》,《农业经济问题》第 4 期。

张学良,2012,《中国交通基础设施促进了区域经济增长吗——兼论交通基础设施的空间溢出效应》,《中国社会科学》第 3 期。

张艺英、宋健,2022,《民国时期的乡村建设与区域发展》,《中国农业大学学报》(社会科学版)第 1 期。

张亦弛、代瑞熙,2018,《农村基础设施对农业经济增长的影响——基于全国省级面板数据的实证分析》,《农业技术经济》第 3 期。

张亦然,2021,《基础设施减贫效应研究——基于农村公路的考察》,《经济理论与经济管理》第 2 期。

张占贞、王兆君,2010,《我国农民工资性收入影响因素的实证研究》,《农业技术经济》第 2 期。

张志、周浩,2012,《交通基础设施的溢出效应及其产业差异——基于空间计量的比较分析》,《财经研究》第 3 期。

张志鹏、李冉,2017,《交通运输促进精准扶贫的案例分析与思路建议》,《内蒙古公路与运输》第 4 期。

张宗益、李森圣、周靖祥,2013,《公共交通基础设施投资挤占效应:居民收入增长脆弱性视角》,《中国软科学》第 10 期。

郑广建,2017,《交通基础设施对经济增长的空间溢出效应分析》,《郑州航空工业管理学院学报》第 6 期。

郑红娥、沈晖，2010，《论交通政策的演变：基于社会建构理论的分析》，《科学·经济·社会》第 3 期。

周春芳、苏群、张立冬，2021，《乡村振兴视域下农村留守儿童人力资本质量研究》，《江海学刊》第 3 期。

周春平，2017，《农村公路基础设施对农民收入的影响——基于江苏省2000~2014 年县域面板数据的实证研究》，《山西农业大学学报》（社会科学版）第 9 期。

周海波、胡汉辉、谢呈阳、戴萌，2017，《地区资源错配与交通基础设施：来自中国的经验证据》，《产业经济研究》第 1 期。

周浩、余金利，2013，《铁路提速、可达性与城市经济增长》，《经济评论》第 1 期。

周浩、余金利，2013，《铁路提速、可达性与城市经济增长》，《经济评论》第 1 期。

周浩、郑筱婷，2012，《交通基础设施质量与经济增长：来自中国铁路提速的证据》，《世界经济》第 1 期。

周良书、朱宏霜，2018， 《中国农村发展历史逻辑研究（1949~2017）》，《河南社会科学》第 2 期。

周穗明，2003， 《西方新发展主义理论述评》，《国外社会科学》第 5 期。

周文，2019，《要想富、先修路？——不同交通运输发展在贫困地区经济发展效应的差异》，《首都经济贸易大学学报》第 5 期。

周正祥、罗珊、蔡雨珈，2014，《交通运输体系改善促进农村中心集镇发展的中国路径》，《中国软科学》第 5 期。

朱琳、罗宏翔，2022，《交通基础设施建设影响区域经济差距的特征、机理及其实证研究》，《云南财经大学学报》第 3 期。

邹智贤、王皓，2022，《经济哲学视域下公平与效率关系之和解》，《湘潭大学学报》（哲学社会科学版）第 1 期。

Arnold J. , Bassanini A. , and Scarpetta S. 2007. "Solow or Lucas ? Testing Growth Models Using Panel Data from OECD Countries. " OECD Economics Department Working Papers No. 592.

Arrow K. , Kurz M. 1970. *Public Investment, the Rate of Return, and Optimal Fiscal Policy.* Baltimore: The John Hopkins Press.

Arrow K. J. , Kurz M. 1970. "Optimal Growth with Irreversible Investment in a Ramsey Model. " *Econometrica: Journal of the Econometric Society* 38 (2): 331-344.

Aschauer David Alan. 1989. "Is Public Expenditure Productive?" *Journal of Monetary Economics* 23 (2): 177-200.

Barro R. 1991. "Economic Growth in a Cross Sections of Countries. " *Quarterly Journal of Economics* 106: 407-433.

Calderón C. , Servén L. 2004. "The Effects of Infrastructure Development on Growth and Income Distribution." The World Bank Policy Research Working Paper Series No. 3400.

Canning D. , Bennathan E. 2000. "*The Social Rate of Return on Infrastructure Investments.*" World Bank Working Paper No. 2390.

César Calderón and Alberto Chong. 2004. "Volume and Quality of Infrastructure and the Distribution of Income: An Empirical Investigation. " *Review of Income and Wealth* 50 (1): 87-106.

Fan S. , C. Chan-Kang C. 2005. "Road Development, Economic Growth, and Poverty Reduction in China. " International Food Policy Research Institute Research Report 138.

Hulten C. R. , Bennathan E. , Srinivasan S. 2006. "Infrastructure, Externalities, and Economic Development: A Study of the Indian Manufacturing Industry." *The World Bank Economic Review* 20 (2): 291-308.

Peter Warr. 2010. "Roads and Poverty in Rural Laos: An Econometric Analysis. " *Pacific Economic Review* 15 (1): 152-169.

Pritchett L. 1996. "Mind Your P's and Q's: the Cost of Public Investment is not the Value of Public Capital. " Policy Research Working Paper Series.

Qiao F. , Rozelle S. , Huang J. 2014. "Road Expansion and Off-farm Work in Rural China. " *China Quarterly* 218: 428-451.

Shilpa Aggarwal. 2018. "Do Rural Roads Create Pathways Out of Poverty? Evidence from India. " *Journal of Development Economics* 133: 375-395.

图书在版编目（CIP）数据

农村交通基础设施建设与乡村振兴研究 / 魏雯著
. --北京：社会科学文献出版社，2024.11
ISBN 978-7-5228-2754-4

Ⅰ.①农… Ⅱ.①魏… Ⅲ.①农村道路-基础设施建
设-研究-中国 Ⅳ.①F512.3

中国国家版本馆 CIP 数据核字（2023）第 217010 号

农村交通基础设施建设与乡村振兴研究

著　　者 / 魏　雯

出 版 人 / 冀祥德
责任编辑 / 张　超
责任印制 / 王京美

出　　版 / 社会科学文献出版社·皮书分社（010）59367127
　　　　　地址：北京市北三环中路甲 29 号院华龙大厦　邮编：100029
　　　　　网址：www.ssap.com.cn
发　　行 / 社会科学文献出版社（010）59367028
印　　装 / 三河市尚艺印装有限公司

规　　格 / 开　本：787mm×1092mm　1/16
　　　　　印　张：14　字　数：213 千字
版　　次 / 2024 年 11 月第 1 版　2024 年 11 月第 1 次印刷
书　　号 / ISBN 978-7-5228-2754-4
定　　价 / 98.00 元

读者服务电话：4008918866